AF 136798

Julius L.C. Schmincke

Urkundenbuch des Klosters Germerode

Julius L.C. Schmincke

Urkundenbuch des Klosters Germerode

ISBN/EAN: 9783744621878

Hergestellt in Europa, USA, Kanada, Australien, Japan

Cover: Foto ©ninafisch / pixelio.de

Weitere Bücher finden Sie auf **www.hansebooks.com**

Urkundenbuch

des

Klosters Germerode,

verfasst von

Julius Schmincke,
Metropolitan zu Sontra.

Erstes Supplement

der

ZEITSCHRIFT

des

Vereins für hessische Geschichte und Landeskunde.

Neue Folge. — Band I. Heft 1.

Kassel.

Im Commissionsverlage von A. Freyschmidt.

1866.

Im Verlage von **A. Freyschmidt, Buch- & Kunsthandlung** in Kassel, Königsplatz 225, ist erschienen:

E. Stiegel's

Ansichten von Wilhelmshöhe & Kassel

in ganz neuen Aufnahmen.

12 Blatt in Photographien; in 4 verschiedenen Formaten.

Inhalt:

Wilhelmshöhe von der Allee aus.	Der neue Wasserfall.
Die Fontaine.	Das Octogon und die Cascaden.
Der Steinhöfer'sche Wasserfall.	Die Totalansicht von Kassel. -
Der Aquäduct.	Das Auethor vom Marmorbad aus.
Die Teufelsbrücke.	Der Friedrichsplatz.
Die Löwenburg.	Die Carlsaue.

Größtes Format à Blatt 2 Thaler.

In Albumformat existiren drei Größen:

Größe I à Blatt 20 Sgr; das vollständige Album mit Mappe 7 Thlr. 15 Sgr.
„ II „ 12 „ „ „ „ „ „ 4 „ 15 „
„ III „ 6 „ „ „ „ „ „ 2 „ 5 „

Diese naturgetreuen, künstlerisch schönen Cartons des Landschaftsmalers **Stiegel** sind in der rühmlichst bekannten photographischen Anstalt von **Franz Hanfstängl** in München vervielfältigt. Die Ausführung und Ausstattung genügen den strengsten Anforderungen der Jetztzeit.

A. Freyschmidt,

Buch- und Kunsthandlung in Kassel,
Königsplatz 225.

Erinnerung an Wolfsanger.

Enthaltend

6 Ansichten von Wolfsanger & Umgegend

in Farbendruck.

Nach der Natur gezeichnet und lithographirt von

E. Stiegel.

In groß Octavformat mit illustrirtem Umschlag.

Preis 20 Sgr.

Vorwort.

Es ist zwar schon eine grosse Anzahl der wichtigsten Urkunden unserer ältesten Landesgeschichte durch verschiedene Geschichtsforscher, namentlich durch den verdienstvollen H. B. We n ck, veröffentlicht worden, aber unendlich viel mehr liegt noch geborgen in den Archiven des Staates, der Gemeinden und der Familien und wartet darauf, ans Licht gezogen zu werden. Der Verein für hessische Geschichte und Landeskunde hat deshalb beschlossen, mit der neuen Folge seiner Zeitschrift eine Urkundensammlung zu verbinden, welche ebenfalls in Heften erscheinen und nach Vollendung eines jeden Bandes mit ausführlichen Registern versehen werden soll. Dem Unterzeichneten ist aber der willkommene Auftrag geworden, diese Sammlung mit dem Urkundenbuche des ehemaligen Prämonstratenser Nonnenklosters Germerode zu eröffnen; denn es schien am angemessensten, die Urkunden nach ihren inneren Beziehungen zusammenzustellen, damit jede Gruppe für sich ein mehr oder weniger geschlossenes Ganzes bilde. Die Urkunden dieses ersten Heftes liegen meiner „Geschichte des Klosters

Germerode", welche in der Zeitschrift *) unseres Vereins abgedruckt ist, zum Grunde und enthalten eine Menge Einzelheiten, welche nicht nur für die Geschichte des Bilsteiner Grafenhauses, der Orte des ehemaligen Bilsteiner Gerichts und der dort begüterten edlen Geschlechter von hoher Bedeutung sind, sondern auch über die Veränderungen des Grundbesitzes, über dessen Ertragsfähigkeit und Werth, über das damals übliche Gemäss und über die Geldverhältnisse jener Zeit wichtige Aufschlüsse gewähren.

Sämmtliche Urkunden, die ich hier gebe, sind den Originalen entnommen, welche grösstentheils in unseren Landesarchiven aufbewahrt werden und deren Aechtheit verbürgt ist; die wichtigsten sind wörtlich abgeschrieben, minderwichtige nur in Auszügen oder in Form von Regesten mitgetheilt. Auch ist noch ein Zinsregister des Klosters vom Jahre 1514, worin sämmtliche Gefälle verzeichnet sind, im Auszug mitgetheilt. Ausser diesem finden sich deren noch von 1484 und von 1517, doch ist das von 1514 das genaueste.

Wenn der Verein die erforderliche Unterstützung findet, wird das Urkundenbuch des Benedictiner Nonnenklosters Cornberg bald nachfolgen.

Sontra, am 26. September 1866.

Schmincke.

---

*) Band VII, S. 1—28.

1.

1187, 11. Oct. *Erzbischof Conrad von Mainz bestätigt dem Kloster Germerode das Privileg vom Papste Lucius.*

In nomine sancte et individue trinitatis. Conradus dei gracia Sabinensis episcopus sancte maguntine sedis Archiepiscopus et apostolice sedis legatus .... ad preces idoneas dilecti in Christo filii Everhardi prepositi in sancte Marie in Germerode qui apud deum placens et homines, pro votis etiam honestis et piis tocius collegii vitam religionis ibidem ducentis, privilegium ipsis collatum a domino Lucio papa felicis memorie, cujus in christo conservum et cooperatorem nos esse cognoscimus, reverencia quam habemus non solum a sancta sede maguntina verum eciam auctoritate qua fungimur a sancta Romana ecclesia . . . confirmando dignum duximus roborare et sigilli nostri impressione munire. — —

(Nach einer sehr alten Abschrift, im Auszuge.)

2.

1195, 13. Kal. Jan. *Papst Cölestin III. bestätigt dem Kloster seine Besitzungen und die ihm vom Papste Lucius (II.) gewährten Privilegien.*

(Diese Urkunde, von der sich eine sehr alte Abschrift vorfindet, ist abgedruckt in Kuchenbecker's analecta hass. coll. IX. S. 148—152, jedoch mit unrichtiger Angabe der Jahreszahl und fehlerhafter Schreibung mehrerer Ortsnamen; s. meine Geschichte des Klosters Germerode in der Zeitschr. des Vereins für hess. Gesch. u. Landesk. VII. S. 1.)

3.

1226. *Graf Widekind von Bilstein verkauft dem Kloster Germerode Sibodenberg* *).*

In nomine sancte et individue trinitatis. Widikindus comes in Bilstein universis . . salutem . . Noverint . . presentes et futuri . quod nos vendidimus ecclesie in

---

*) ausgegangenes Dorf zwischen Germerode und Bernsdorf, am Virbache gelegen.

1

Germarodhe pro XXVI marcis villam Sibodenberge que nobis hereditario jure pertinebat . ipsam villam et omnem ejusdem attinenciam que noster fuit ipsa et simili conivencia heredum nostrorum Erponis videlicet et Widikindi et Burchardi et Wickeri et Ottonis ecclesie memorate pro prescripta pecunia conferentes . advocatie nostre et proprietatis omnique jure quod in ipsa villa habebamus tam a nobis quam a filiis nostris ore et manu eidem ecclesie resignato . — Subscriptis testibus . . comite Wickero de Richenbach . domino Hermanno albo de cigenbergh . heimmerado de bomeneburgh et filio suo Conrado et Almaro . et Henrico . craz . Bodone . Burckhardo enteclen . Timone de Bomeneburgh . Erwino de Heringen . Eckehardo de cappele . Eckehardo de Elberichestorph et aliis quam pluribus . Acta sunt hec anno dominice incarnationis M . CC . XXVI indictione XIIII presidente sacrosancte Romane ecclesie Honorio papa . Regnante invictissimo Romano imperatore Friderico semper augusto . Gubernante Mogunt. ecclesiam Archiepiscopo Sifrido feliciter . Amen.

(Mit dem grossen herzförmigen Siegel Widekinds: 3 Beile.)

4.

1227. *Das Kloster Germerode übergiebt dem Eckehardus 2 Mansen in Bolstede* (bei Mühlhausen).

In nomine sancte etc. . . . . Ego Ecbertus dei gracia prepositus totusque conventus in Germarodh universis . . . salutem. — Noverunt omnes . . quod nos duos mansus in Bolstede ecclesie nostre pertinentes Eckehardo militi et Bertradi uxori sue jure tali vendidimus et conditione, ut in bonis persolvant . . dimidiam marcam singulis annis in die beate Walburgis et dimidiam marcam in festo sancti Mychahelis. — Si vero contingit prefatum E. cum uxore sua viam ingredi universe carnis . . sine liberis . . eadem bona nobis permanebunt. — Presentes aderant Dudo et Hermannus sacerdotes in Bolstede . Reinhardus plebanus in Confunge . Conradus miles de Bugeredhe et Conradus filius suus . Thidericus et Hartmannus fratres dicti de Angere . Thidericus Camerere . Conradus scelchornt et filius suus Conradus . Berthogus et filius suus Berthogus . Gerardus cardinal . Conradus de Bolstede aliique. Acta sunt hec anno gracie MCCXXVII presidente sacrosancte sedi apostolice sanctissime domino Honorio papa III . guber-

nante sanclam Magunt. ecclesiam Sifrido venerabili Archiepiscopo . Regnante Romanorum imperatore invictissimo
semper Augusto Friderico feliciter . amen.

(Mit·dem alten grossen Conventssiegel in ovaler Form: Maria,
in der Linken das Jesuskind, in der Rechten ein Kreuz.)

5.

1243. *Verzichtbrief des Grafen Widekind von Bilstein.*

Nos Widekindus comes de Bilsteyn omnibus hanc
literam inspecturis salutem . . recognoscimus et . . protestamur quod propter diversa incomoda que ecclesie
sancte marie in Germarode virginis ordinis premonstratensium per satellites sathane oriuntur et incumbunt dicte
Ecclesie in bonis ejusdem subvenire cupientes de bona
voluntate et communi consensu nostrorum heredum dedimus
ac damus preposito qui pro tempore fuerit plenam et liberam
facultatem eligendi tutorem ac defensorem . . qui absque
nostra indignacione et heredum nostrorum dictam ecclesiam
et omnia bona ejusdem ecclesie tam mobilia quam immobilia
possessa et adhuc acquirenda libere proloqui et tueri valeat
contradictione nostra et heredum nostrorum penitus quies-
cente renunciantes eciam omnibus juribus pro nobis et
nostris successoribus si que ex jure sive a consuetudine
in omnibus jurisdictionibus predicte ecclesie Germarode
habuimus vel in posterum habere poterimus ab accidenti
modo quocunque ita plane resignamus quod nos ac nostri
officiati non petere nec participere nec aliquid disponere
habeant in eisdem sed prepositus et ejus in hac parte ser-
vitores disponere debebunt et judicare tam judicium san-
guinis quam alia omnia judicanda in bonis eorundem eciam
si requirit sententiam capitalem hoc privilegio libertatis
specialis liceat ipsis uti . . et ne aliquis successorum hanc
nostram donacionem valeat infringere presens scriptum
nostro sigillo dedimus communitum anno domini M . CC . XLIII
kalendas mai.

(adhaeret sigillum.)

6.

1243. *Graf Widekind von Bilstein verkauft dem
Kloster Germerode seine Rechte zu Bernsdorf.*

In nomine sancte et individue trinitatis. Widekindus

1 *

comes de Bilstein . omnibus . . notum sit . . quod nos
habita disceptacione aliquamdiu cum preposito et conventu
in germarroth . super quadam minuta pensione de quibusdam
bonis suis ville scilicet que dicitur Bernhardesdorp nobis
annuatim persolvenda . eo quod in jurisdictionis nostre
terminis qui nobis facta partitione cum fratribus nostris
in partem sortis ceciderant esset sita . tandem fratrum
nostrorum comitum . Erphonis scilicet Borchardi et Ottonis
. nec non Mechthildis . uxoris nostre . cum omnibus liberis
nostris . et omnium quorum intererat consentire . adhibito
consilio et consensu . voluntarie et plenarie cessimus ab
actione et quidquid juris in prefata videbamur habere re-
ceptis ab ecclesia et a preposito ejus domino Wernero sex
argenti fertonibns . ipsis liberaliter et libere contulimus
jure perpetuo possidendum . Ut autem hoc factum nostrum
permaneat inconvulsum et nullus successorum nostrorum
in posterum valeat infirmare presentem literam in testimonium conscribi fecimus . sigilli nostri quod nobis et prefatis nostris fratribus est commune cum ipsorum consensu
munimine roboratam. Hujus rei testes sunt Gotfridus comes
de Weigebach . Eggehardus de cappella . Nidungus de
Sueuede . Olricus de nitewiteshusen . Sifridus de eschenewege . Conradus Wenzo. Acta sunt hec . anno dominice
incarnacionis MCCXLIII. Indictione prima.

(Auf der Rückseite der Urkunde steht: litera jurisdictionis
super Bernstorf.)

7.

1243. *Schenkungsbrief des Grafen Widekind v. Bilstein.*

Nos Comes Widekindus de Bilstein . omnibus . . salutem .
Recognoscimus et . . protestamur . quod nos de bona
voluntate et heredum nostrorum communi consensu ecclesie
beate virginis in Germarode plenam damus facultatem, ut
mansos . agros . curtes . aut alia bona qualiacunque que
nunc et in posterum comparare potuerint ab biis qui a
nobis jure feodali tenuerunt, libere possideant et quiete.
Et ne aliquis successorum nostrorum hoc factum valeat
irritare hteram presentem sigillo nostro duximus roborandum.
Actum anno dominice incarnacionis M . CC . XLIII.

(adhaeret sigillum.)

8.

Schenkung Hartwigs von Waldesa an's Kloster Germerode.

(Ohne Jahreszahl, aber wahrscheinlich vom Jahr 1243, in welchem Propst Werner dem Kloster vorstand, s. Nr. 6.)

Wernherus dei gracia propositus in Germarott omnibus . . salutem . . Noverit universitas intuencium . quod Hartwycus de Waldesa . . Ecclesie nostre in Germarot IIII mansos in Rosthorp contulit ob memoriam sui in nostris oracionibus perpetuendam . contulit nichilominus et nobis unam patellam Salis in Sothen ea condicione . ut filia sua . que una nostrorum sororum nostri conventus est . pro tempus vite sue sibi vestimenta exinde proparet et anniversarium dicti . Har . sui patris peragerel . ipsaque non diucius existente . dicta patella salis cum sua integritate ad nostre ecclesie proprietatem pertinebit. — Sigillo nostre · ecclesie. —

(Das angehängte ovale grosse Couventssiegel ist der Abdruck eines sehr rohen und schlechten Stempels: Maria in sitzender Stellung mit dem Jesuskinde; Legende: S. ecclesie Marie in Germarrot).

9.

1253. *Abt Heinrich (IV.) von Fulda und Hersfeld spricht dem Kl. Germerode Güter in Schirrenhain *) zu.*

H. dei gracia Fuldensis et Hersveldensis Ecclesiarum abbas . Universis . . salutem in domino. Cum nobilis vir . Comes Gotfridus de Richenbach querimoniam moveat super quibusdam bonis, sitis in Scirnhan . contra propositum et conventum in Germarrode . asserendo ea esse feodum suum ab Ecclesia´ nostra fuldense, nos volentes hujusmodi veritalem diligenter experiri. Quesivimus a Bodone, Reinhardo fratribus et ceteris castrensibus de Boymeneburg, in nostra presentia constitutis, quibus de statu eorundem plene constitit bonorum, qui dixerunt, et coram nobis sunt publice protestati, quod dictus comes in prefatis bonis nullum jus habeat sed predictum propositum et conventum contra justicie debitum in eisdem bonis aggravet et molestet. In cujus rei testimonium presens scriptum, sigillo nostro et castrensium predictorum fecimus confirmari. Testes sunt dominus Ludewicus de Frankensten, Marcquardus de Hasel-

---

*) Wüstung bei Germerode.

stein, Heinricus de Blidese, Heinricus de Huna, Bertholdus de Mackencella et alii plures. Datum Boymeneburg anno dom. MCCLIII XV. Kal. Septembris.

(Bei der Urkunde liegt das Siegel der Boyneburger Burgmannschaft: auf herzförmigen Schilde über einer Eiche 2 aufsteigende Thürme mit der Legende: S. castrensium de Bumeneburg.)

10.

Berthous Advocatus in Borsla *) entsagt seinen Rechten an Schirrenhain.

(Ohne Jahreszahl, aber wahrscheinlich aus demselben Jahre 1253 wegen der in der Urkunde genannten Personen.)

Notum sit omnibus . . quod ego Berthous advocatus in Burslon traxeram in jus conventum ecclesie de Germarrode super quadam villa que vocatur Scirrenhain . cum vero aliquo tempore litigassemus constitit mihi quod eadem villa cum omni jure ab antecessoribus meis cum amita mea tradita fuit eidem ecclesie super que amicabilem conposicionem fecimus . ita . ut ego renunciarem omni actioni quam possem habere super illo negocio . contra predictam ecclesiam. Hec acta sunt presente preposito ejusdem ecclesie et priorissa que vocatur Gertrudis de erfa et quibusdam aliis de conventu . Similiter hujus facti testes sunt Heinricus cappellanus in Boymeneberc et Gerhardus canonicus in Burslon . et Boto miles . et reinhardus frater suus.

11.

1253. *Graf Otto von Bilstein schenkt dem Kloster Germerode eine Gülte zu' Wolfterode.*

Dei gracia Erfo . et Widekindus . Borchardus . et Otto . fratres et Comites dicti de Bilstein omnibus . . salutem . . . . Noverint universi . . quod comes Otto frater noster cum bona et provida deliberatione et consensu nostro et omnium heredum nostrorum voluntario . ecclesie beate marie virginis in Germarode unum maldrum siliginis quod annuatim de allodio Wlfharterode sibi pervenit propter deum libere contulit et solute . Et ne aliquis hoc factum processu temporis valeat revocare, presentem literam in testimonium veritatis sigillorum nostrorum appendio duximus

---

*) Grossenbursla.

roborandum. Ego comes Otto quia sigillum pro me non habeo sigillis fratrum nostrorum in hac litera sum contentus. Testes hujus rei sunt comites pronotati, Johannes prepositus. Johannes plebanus in Morsne . Hermannus plebanus de Sassen *), Hermannus plebanus de Appederode, Rodoardus et plures alii fide digni . Datum in Germarrode anno gracie M . CC . LIII . II. Kal. Febr.

(An der Urkunde hängen 2 grosse herzförmige Bilsteiner Grafen-siegel mit den 3 Beilen.)

12.

1255. VI. Kal. Oct. Cruceburg. *Das Kloster Germerode giebt 1 Manse in Netra zu Erbe.*

Nos Johannes propositus, Hedewidis priorissa et Conventus sanctimonialium cenobii in Germarode, omnibus .. salutem .... Recognoscimus .. quod Stephano filio Stephani de Germarode mansum unum in Netre quem dominus Theodericus plebanus de Boumeneburc cum filiabus fratris sui domini Reinbotonis cenobio nostro dedit, XXIIII solidos denariorum annis singulis persolventem, vendidimus pro quinque marcis argenti, hereditario jure .. sub hac forma, quod nobis de ipso solvere debet 10 solidos denariorum et antam, 2 pullos, et ovorum sexagenam, et si ipse mortuus fuerit, dabit pro illo jure, quod turste houbet **) vulgariter nominatur decem sol. denariorum .. Testes: frater Conradus de Cruceberc, frater Sifridus, frater Wigandus de Wernswic peregrinus ecclesie nostre servus, et alii.

13.

1258. *Graf Burchard von Bilstein schenkt dem Kloster Germerode das halbe Dorf Ziegenbach ***).*

Nos Comes Burchardus de Bilstein . omnibus .. cupimus notum esse . quod bona deliberacione et consensu fratrum nostrorum Comitis Erphonis . comitis Widekindi et Ottonis . nec non puerorum nostrorum voluntario . medietatem proprietatis ville Cigenbach que nos contingit cum suis pertinenciis . scilicet prata . campos . paschua et communem silve marchiam . ex antiquo dicte

---

*) Reichensachsen. — **) Das theuerste Haupt. — ***) Wüstung bei Wolfterode.

ville spectantem . et aquam et nemore usque ad curiam
Wlfharterod . libere et cum omni jure contulimus ecclesie
Germerod . pro remedio anime Heilwigis . felicis memorie
uxoris nostre . ut ipsi et omnium predecessorum nostrorum memoria . ibidem perpetuo habeatur . hoc eciam
adicimus . ut homines sepedicte ville . ligna de nemore
adjacente licite succidant . quantum ad domos et alia
edificia necesse habuerint construenda. Prefata tamen
ecclesia proprietatem eundem pro duabus marcis et fertone
prius redimet ab Arnoldo de Gemunden cui a nobis
fuerit titulo pignoris obligata. — Testes . Johannes propositus ibidem . Priorissa et Conventus . Bertholdus de
Bukelh . Hermannus et Helwicus sacerdotes . Comes .
Epho . Comes . Otto . Bruno de Olfena . Bertoldus de
Rauensh . Henricus de franquarthusen milites et plures
alii . Actum Germarod . anno dom. M . CC . LVIII in die sanctor.
martirum . felicis et Adao. —

14.

1260. *Graf Widekind von Bilstein appropricirt
dem Kloster Germerode eine Hundelshausische Hufe zu
Oberhone.*

Nos comes Widekindus de Bilstein . Omnibus hanc
literam inspecturis volumus esse notum quod nos ad instanciam et dilectionem Ambrosii de hunoldeshusen mansum
in superiori honede quem a nobis tenuit, ecclesie beate
virginis in germarode proprio jure tradimus ex consensu
et permissione voluntaria fratrum nostrorum nec non et
heredum et successorum nostrorum . . cum dicto mansu
prefatam ecclesiam integre liberantes . . sigillo nostro . . .
Testes hujus rei sunt . Amelungus et Henricus eselscohp
milites . Otto Scultetus . Tidericus clava . Ambrosius
Wikbodo . Johannes de Cappele . Actum in Aldendorph
anno dom. MCCLX in cena domini.

15.

1262. kal. marcii. *Streit wegen des Waldes
Weissner.*

Inhaltlich dieser Urkunde fällt — A. decanus ecclesie
sancte marie in Erfurd, Conservator `a sede apostolico
constitutus, — nachdem Propst Johannes und Convent zu

Germerode, — super usufructum nemoris, quod vocatur
Wisener, fratrem Rudolfum Capellanum eorum als procu-
ratorem bestellt und der plebanus de Bomeneburg als
Procurator seiner Schwester domine Ermengardis, der
Witwe Reinhards von Westerberg, auftrat und behauptete,
dieser gehörte die Hälfte des ususfructus dieses Waldes,
— ein Urtheil dahin, dass der Scolasticus de Helingistat
(Heiligenstadt, der Archidiaconatssitz) und der plebanus
de Aldindorf Zeugen verhören sollen und setzt weiteren
Termin in quartam feriam proximam ante diem sancte Wal-
purgis.

16.

1262. *Ausspruch eines Germeröder Synods in
vorstehender Sache.*

Noverint universi .. quod nobis Hermanno plebano
de Sassen et Sifrido plebano de Grevendorph Archipres-
biteris in honede . anno dom. milesimo CC . LXII VII Nonas
Octobris . sinodo in Germarrode presidentes, ex parte
preposititi ibidem instanter petitum fuit, quod nos rusticis
ipsius ville tam hominibus domine Ermengardis quam ecclesie questionem sentencie communiter faceremus, quid
sibi de colle et silva que vocatur Wendeberg qui imme-
diate interjacet nemori Wisnere, ex certa scientia legitime
constitisset, qui habita simul interlocutione jurati deposuerunt,
quod eandem silvam Monasterium in Germarod proprio
jure et sine impeticione qualibet semper possederit pacifice
et quiete . — Sigillis .. dom. Conradi de Marpurg vice-
prepositi et canonici Heiligenstadens . et magistri Guntheri
Cantoris fritslariensis et canonici Heiligenstadensis fecimus
roborari . Hujus rei testes sunt . Johannes propositus in
Germarod . frater Bruno sacerdos de domo theutonica *) .
Hermannus plebanus de apterod . Tidericus plebanus in
Bomneburg . Ekehardus plebanus in Schemmern . Conradus plebanus in Ermen **) et plures alii.

17.

1263. *Das Kloster Germerode erwirbt 1 Mause
zwischen Aue und Niederdünzebach.*

Nos H. Scolasticus et Capitulum ecclesie Heyligen-

---

*) etwa in dem nahen Reichenbach? — **) wohl Ermensassen,
d, i, Harmuthsachsen.

.

stadensis . H. advocatus de Bodenhusen . Scultetus, Consules et Universitas civium in Heyligenstat cupimus esse notum . quod Reynhardus de bebcre, Johannes et Reynhardus filii ejus ac Cristina filia ejusdem, Heynricus de Wildungen, Adelheidis uxor ejus, Johannes, Alexander et Reynhardus filii ipsius, Petrissa et Elizabeth filie ejusdem renunciaverunt coram nobis — actioni seu questioni ac omni juri . quod sibi in manso uno suo inter villas Thuncenbach et Owam contra dominum propositum et monasterium de Germarrode competere asserebant, pro qua renunciacione seu cessione — idem propositus Reynhardo, Heynrico et Adelheydi uxori ejus ac eorum liberis dedit tres marcas pecunie ponderate Heyligcnsladensis monete . . — Huic renunciacioni interfuerunt Helmboldus scolasticus, Ernestus Cantor, Guntherus, Hermannus de Kirstelingerode, Cunradus de Snen, Heynricus de Ekelingerode, Helwicus et Heynricus de sancto Egidio, Canonici in Heylgenstad, vir nobilis Borchardus comes de Woldenberg, Heynricus de Bodenhusen advocatus, Cunradus de Ammera, Otto de Rusteberg, Ottmarus de geyzlede, milites, Johannes Surbier, Cunradus Ulrici, Thidericus Rintwolle, Cives Heyligenstadenses et alii. — Actum Heyligenstat anno . mill. CCLXIII . XII Kal. Juni.

18.

1267. *Graf Widekind von Bilstein verkauft dem Kloster Germerode den Berg Holenstein.*

Notum sit omnibus . . quod ego Comes Widekindus et uxor mea Mechthildis vendidimus preposito Johanni totique conventui in Germarrod montem quendam dictum Holstein cum suis pertinenciis cum omni jure proprietatis cum consensu filiorum nostrorum Lodewici et Wernheri et hoc compulsi necessitate corporum quia victualia nobis defecerunt *). Insuper ut eo firmior esset ecclesie memorate obtulimus eundem super altare beate virginis Marie ibidem . licet decalvatus esset quod nulla ligna compararent in predicto monte **). Renunciavimus et pro filio nostro Ludolfo canonico Halverstadensi omni jure quod idem L.

---

*) Widekind war also in grösster Leibesnoth. — **) Er hatte den Wald erst abgetrieben.

ex successione hereditaria videbatur habere . Huic venditioni frater noster Wikerus decanus Halverstadensis affuit consentiens nostro facto . Hujus rei testes sunt Burchardus . Otto comites fratres nostri, Hermannus de Arnolverod *) . Sifridus de Vrancquardeshusen plebani . Hermannus de Eltwenhusen **) . Heinricus de Dudenrod . Heinricus cellerarius . Gerhardus pistor de aldendorp . Heinricus de Vranquardeshusen et fratres et capitulum ecclesie memorate. Acta sunt hec in claustro Germarrod anno dom. M . CC . LXVII.

(Das Siegel Widekinds hängt an.)

19.

1267. *Graf Widekind von Bilstein verkauft dem Kl. Germerode den Berg Holenstein und Helwigesroth ***).*

Nos Widekindus Comes dictus de Bilstein . omnibus fidelibus presentibus et futuris . Scripti presentis tenore protestamur . — quod nos ecclesie beate Marie virginis in Germarode . pro tribus marcis argenti, vendidimus, monticulum quendam, qui vulgo Holenstein nuncupatur . et quoddam novale quod eidem monti interjacet quod Helwigesrolb nominatur, cum omnibus suis pertinenciis indistincte, scilicet pascuis sive silva que antiquitus silva dicebatur. Et hoc animo deliberato . fratrum nostrorum Burchardi et Ottonis consilio communicato . et eisdem consencientibus . uxore nostra Mechthilde . ac filiis nostris . Ludewico et Wernhero consencientibus . et Resignantibus eundem monticulum cum novali interjacenti et silva cum ceteris omnibus pertinenciis supradictis de bona voluntate et libera sub testimonio omnium quorum nomina subscripta leguntur . Johannis de Cappella . Ekkehardi plebani de Schemmern . Sifridi plebani de Frankquarteshusen, Hildebrandi de Apterode, Theoderici de Waldolverode †) . Henrici de Hildegershusen . fratrum ejusdem ecclesie . Theoderico . Gotscalco . Conrado . Rudewardo. Et ut hec emptio ab omnibus successoribus nostris inviolabiliter observetur .. presentem paginam sigilli nostri munimine

---

*) Orpherode. — **) Eltmannshausen. — ***) Wüstung zwischen Hilgershausen und Kammerbach. — †) Welferode, Wüstung zwischen Frankershausen u. Wellingerode, an der Stelle des jetzigen Schafhofs.

consignamus. Acta sunt hec anno dom. M.CC.LVII mense Augusto in dio Oswaldi regis.

(Das grosse herzförmige Schild des Grafen Widekind mit den 3 Beilen hängt an.)

20.

1267. *Graf Wigger von Bilstein bezeugt vorstehenden Verkauf.*

Nos Wiggerus dei gracia dictus de Bilstein Halverstadensis ecclesie Decanus .. protestamur .. quod Witekindus comes frater noster dictus de Bilstein vendidit ecclesie beate Marie virginis in Germarrode pro tribus marcis argenti monticulum etc. .. Actum anno dom. M.CC.LXVII mense Augusto in festo beati Oswaldi. (Zeugen wie in der vorhergehenden Urkunde.)

21.

1268. *Graf Widekind von Bilstein verkauft dem Kloster Germerode einen Wald.*

Notum sit .. quod ego Comes Widikindus de consensu Ludolfi canonici halberstadensis et Wernheri filiorum nostrorum silvam quandam jacentem in colle inter vallem que vocatur hildegerspurne et inter vallem que vocatur lutenbach que successive racione patrimonii specialiter nos contingit vendidimus .. monasterio beate Marie virginis in Germarrod pro duabus marcis argenti .. In testimonium hujusmodi facti presentem literam sigillo nostro cum testium subscriptione duximus roborandum . Testes sunt Sifridus plebanus de vranquardeshusen, Hermannus plebanus de Arnolverod, Heinricus miles de Vranquarteshusen, Ekbertus de Abderod, Hermannus de Eltwinshusen, Heinricus cellerarius, Heidolf, Heinricus do Tutenrod, Heinricus filius Giseleri, Heinricus Kagehart et alii fide digni et fratres et totus conventus in Germarrod . Acta sunt hec in Germarrod anno gracie M.CC.LXVIII.

(Mit dem Siegel Widekinds. Es existirt noch eine zweite Ausfertigung dieses Diploms, das aber nur unbedeutend und in nichts Wesentlichem von diesem abweicht.)

22.

1272. *Erkenbert von der Aue resignirt dem Bodo von Boyneburg Güter zu Dünzebach, die ans Kloster Germerode kommen.*

Ego Erchenbertus miles, dictus de Owe, . . recognosco . . quod bona mea sita in Tunzebach, unum solidum et unum modium frumenti solventia redditu annuali, que a domino meo Bodone de Beimeneburg jure possideram feodali, eidem Bodoni domino meo resigno . . que sepedictus dominus B. ad instanciam precum meorum et pro salute anime sue appropriat ecclesie in Germerode in perpetuum libere possidendum. Acta sunt hec anno dom. M.CC.LXXII. VI. Kal. Junii.

23.

1272. *Die von Westerberg *) verkaufen dem Kl. Germerode die Hälfte von Germerode u. Elkenhain **).*

In nomine domini amen. Nos Hermannus Vater Sculthetus . Gundramus . Johannes Monetarius . Gerhardus Pistor . Albertus Wiebel . Ywan . Henricus filius Gude . Hartradus . Cunradus dictus Tredebere . Heinricus Valsch . Heinricus de Erfordia . Heinricus Pfeferkorn . Herman pithe Scabini, Rulandus Rembote dictus Trunkenbolt, Hermannus et Heinricus fratres dicti Lereknape . Thidericus institor . Sifridus Bry . Heinricus filius Alheidis laici cives de Aldendorf, presentibus protestamur nos vidisse et audisse quod Hermannus et Reinhardus de Westerberg fratres laici . . domino Johanni proposito et conventui sanctimonialium de Germarode, medietatem villarum harum . Germarode et Elkenhagen cum silvis, pratis, pascuis, molendinis, piscacionibus, agris cultis et incultis, et aliis pertinenciis earundem pure vendiderunt et tradiderunt . Huic contractui interfuerunt personaliter Dominus Reinetho de Aldendorf, dominus Thiedericus de Waldesa et dominus Friedericus de Erersbusen . Ecclesiarum rectores, presbyteri . frater Thiedericus de Waldoluerode . Ambrosius de Hunoldesbusen, Heinricus de Wildungen, Ludewicus de Duringenberg et alii quamplures nobiscum . In horum

---

*) An dieses erloschene Geschlecht erinnert die Westerburg bei Soden. — **) Wüstung zwischen Germerode u. dem Mönchhofe.

evidenciam presens scriptum sigillo nostre civitatis pro-
curavimus communiri . Actum in Aldendorf quarta feria
ante diem beati Johannis baptiste . Anno dom. millesimo
CC.LXXII.

(An der Urkunde hängt das grosse, alte, stattliche Stadtsecret
mit 7 Thürmen und der Legende in Uncialen: Sigillum burgensium
in Aldendorf.)

24.

1272. *Die Trott bewilligen eine Schenkung der
von Waldolverode*) ans Kloster Germerode.*

In nomine domini amen . Nos Hermannus Trotto et
filius noster Hermannus notum esse cupimus . . quod nos
mansum unum in villa honede situm, cujus proprietatem
Theodericus de Woldolverot nunc conversus in Germarrot,
et filius suus Theodericus cum esse eorum quondam nobis
dederant, et in feodo receperant rursus a nobis, dedimus
ecclesie Beate Marie virginis in Germarrot, temporibus
domini propositi Johannis, cum consensu heredum nostrorum,
jure proprietatis perpetuo possidendum . Pro qua nostra
donacione prefatus Theodericus junior curiam in civitate
Esscenewege, unum fertonem annua pensione solventem,
et mansum unum in villa vranquardesbusen situm, et dimidiam marcam argenti, in commutationem nobis dedit, et
in feodo a nobis recepit. Testes hujus facti sunt, Johannes
propositus antedictus, Theodericus plebanus in Boimeneburc,
Heinricus de Junen clericus, Bodo senior de Boimeneburc,
Gerhardus de Wassenhusen **) milites, Hermannus gener
prefati Trottonis, Theodericus de Wolderot, conversus et
suus filius antedictus . ut autem hec . . collatio rite et
racionabiliter facta et absque omni contradictione, firma
et inconwolsa perpetuis perservet temporibus hoc scriptum
. . nostro, Concastellanorum nostrorum et domini Bodonis
senioris de Boimeneburc presens dicti, sigillis potuimus
roborari. Datum et actum Boimeneburc . Anno dom. M.
CC.LXXII in vigilia Mathei apostoli.

(Die schönen grossen herzförmigen Siegel Hermann Trott's,
Bodo's von Boyneburg und der Boyneburger Burgmannschaft hängen
an der Urkunde.)

---

*) Welferode s. S. 11. — **) Wüstung zwischen Niddawitz-
hausen und Reichensachsen.

25.

1273 VII. Kal. Septembris. *Landgraf Heinrich, Dominus Hassye, bekennt, dass die Brüder Hermann und Reinhard von Westerberg die Hälfte der Dörfer Germerode und Elkenhagen dem Kloster Germerode verkauft haben.*

(S. Nr. 23. An der Urkunde hängt das grosse Landgräfliche Reitersiegel.)

26.

1273. *Hermann Trott schenkt dem Kloster Germerode Güter zu Oetmannshausen und Hoheneiche.*

Hermannus dictus Trotto Miles et Jutta contectalis ejusdem .. notum esse cupimus .. quod nos de consensu, annuentibus dilectis pueris nostris videlicet Hermanno filio nostro, Gerdrude et Jutta filiabus nostris, Hermanno et Volperto generis nostris et pueris ipsorum, domino Bodone de Bomneburg milite, Bodone filio ipsius et omnibus nostris heredibus .. Conventui ancillarum Christi, Monasterii de Germarrod bona nostra in Otwinshusen videlicet duos mansos et dimidium cum quibusdam agris adjacentibus pascuis et pratis, piscariis et aquis, nemoribus et rubetis et aliis suis pertinenciis que actenus jure proprietatis possedimus, .. in Hoineich duos mansus quorum unum jure proprietatis reliquum vero hereditario jure possedimus eciam cum suis pertinenciis contulimus absolute et resignavimus .. sigillis domini Heinrici Archipresbiteri de Roinriet *) et domini Bodonis de Bomneburg militis .. Testes: dominus Johannes propositus, Luckardis priorissa et totus conventus in Germarrode, dominus Heinricus de Suntra, Ditmar de Hasela, Volpertus de Berndeburg, et Wideroldus de Sibrachtishusen **) plebani, dominus Bodo de Bomneburg miles et Bodo filius ipsius, Golfridus ante valvam, Conradus et Hermannus fratres et omnes castrenses de Bomneburg, et multi alii fide digni. .. Germarrod . M . CC.LXXIII in die dominica infra beatorum Petri et Pauli.

(Das grosse Siegel Bodo's v. B. hängt an der Urkunde, das des Erzpriesters von Röhrda fehlt.)

---

*) Röhrda. — **) Seifertshausen.

27.

1275. *Bodo von Boyneburg schenkt dem Kloster Germerode Güter zu Oetmannshausen und Hasel.*

Heinricus dei gracia Hersveld. Ecclesie abbas Recognoscimus . . quod Botho miles de Bomeneburg pie memorie frater noster, . . de nostro et Gerdrudis uxoris sue nec non heredum suorum integra voluntate unanimi et consensu in extremis positus ultima voluntate omnia bona, que in villa Otwinshusen jure proprietatis ac dominii in mansis, curtibus, piscariis, molendinis, arcis, pratis, pascuis, nemoribus, agris cultis et incultis et aliis juribus quibuscunque que in ipsa villa habuit . . Monasterio et Conventui Sanctimonialium in Germarode . . pro anime sue remedio et ut sue deposicionis anniversarium in dicto monasterio annis singulis celebretur, donavit, contulit et legavit cum uno nemore quod Eichholz nuncupatur. . . Tradidit quoque monasterio supradicto omne jus quod in villa Hasela habuit cum locacionibus bonorum ville ejusdem tam in nemoribus quam in rure. Testes sunt Botho miles senior de Bomeneburg et Botho filius ejus, Heymeradus miles de Brandenvels et Conradus frater suus, Gothefridus advocatus ante valvam, Conradus Storlo et frater ejus et Ludewicus Rephoin . Ceterum Recognoscimus quod Botho miles senior de Bomeneburg una cum filio suo Bothone donavit tempore exequiarum Bothonis fratris nostri supradicti monasterio memorato omne jus quod habebat in villa Hasela tam in nemoribus quam in rure cum locacionibus bonorum ibidem perpetuo possidendum. Eo duntaxat excepto quod homines dicte ville Hasela Comitie in Rende facient jura ex antiquo debita et consueta. Datum anno dom. M . CC . LXXV . VII. Kal. Augusti. Hujus donacionis testes sunt Nobilis vir Burchardus comes de Bilsteyn, Gerhardus miles de Wasenhusen, Bertholdus miles et Heinricus dicti Eselcoph, Ditmarus de Virebach aliique plures fide digni.

28.

1275 in die sancti Nicolai. *Heinricus de Guthern*) bekennt, dass er unam arcam sitam in Welspeche **) dem Kloster in Germarerode für 2 Mark Silbers verkauft habe.*

---

*) d. i. Gottern. — **) Welsbach im Kreise Langensalza.

Testes: Reinhardus de tempore, Hartmannus frumoldi, Gundoldus, Christanus, Godefridus.

29.

1276 Kal. Jul. in choro friczlariensis ecclesie. — *Zehnten zu Siegershausen*) betreffend.*

In dieser Urkunde bekennt Gotscalcus vicepropositus friczlariensis, dass zwischen dem Propst Johannes von Germerode und dessen Convent auf einer und Johannes presbyter und rector ecclesie de Vortriede**) auf der anderen Seite von dem nobilis vir dominus Widekind de novo castro Heyligenstadensis propositus, Guntherus cantor und dom. Gothefridus de Wehere, friczlariensis ecclesie canonici, geurtheilt sei, dass das Kloster Germerode dem Pfarrer Johannes und seiner Kirche in Vortried von agris sitis in Sigershusen keinen Zehnten, wohl aber die herkömmliche Abgabe der maniplorum seu garbonum entrichten solle . . Huic decisioni interfuerunt Hemeradus canon. friczlar., Hermannus Rector ecclesie de Wichmanneshusen, Fridericus de Bischoffeshusen presbyter et alii.

30.

1277. *Graf Ludolf von Bilstein schenkt dem Kloster Germerode den dritten Theil des Patronatrechts an der Kirche zu Frankershausen.*

Nos Comes Lutolfus dictus de Bilstein recognoscimus . . , quod bona deliberacione et ex maturo discretorum consilio terciam partem patronatus ecclesie in vrancwardeshusen que nos ex jure hereditario contingit, contulimus Ecclesie in Germerode pure propter deum ac in subsidium nostre anime salutare perpetue possidendam. Hujus rei testes sunt Bertoldus plebanus in abterod, Hermannus plebanus in vrancwardeshusen, Heinricus de Hunoldeshusen sacerdos, Hermannus sacerdos, Sifridus Goldakker miles et filius suus Albertus, Conradus de Netere, Theodericus de Waldolverot, Gotefridus Ulin et omnes cives de Germerode. . . Sigilli nostri munimine. . . Acta sunt hec X Kal. Junii anno dom. M.CC.LXX. septimo.

(Angehängt ist das grosse herzförmige Siegel Ludolfs: 3 Beile.)

*) Ausgegangenes Dorf zwischen Lichtenau und Walburg, s. Landau, Wüstungen S. 70. — **) Ausgegangenes Dorf bei Lichtenau, s. Landau l. c. S. 71.

31.

1277. *Graf Ludolf von Bilstein bestätigt die Gerechtsame und Besitzungen des Klosters Germerode.*

Nos Ludolfus comes in Bilsten recognoscimus per presentes pio moti affectu ac divine remuneracionis intuitu, Ecclesie sancte Marie virginis in Germyrod que ordini premonstratensium ac regule sancti Augustini subjecta est et annexa privilegia ac libertates apud genitoribus nostris indulta ac datas ecclesie jam dicte confirmando approbamus nec non propter scruplum malorum hominum elutandum presentibus damus liberam facultatem preposito dicte Ecclesie in Germyrod et successoribus ejus ut progenitores nostri dederunt sepedicte ecclesie pro sua voluntate seu utilitate eligendi tutorem ac prolocutorem tam ecclesie quam omnium bonorum ejusdem . . absque nostra reclamacione et heredum nostrorum quorumcunque. Insuper declaramus prout accepimus quod jurisdictiones in villis subnotatis plenas et liberas dicta ecclesia habere et possidere et cum capitali judicio debet cum omnibus juribus que attenus habuit in eisdem tam curtibus quam villis videlicet in Kammerbach arnolfleterod *) liperterod **) Renhartzhusen ***) Sygeharthusen †) Wolharterod ††) Bernharzdorf †††) Rudolfizhusen *†) ac aliis libertatibus et juribus item prime donacionis in nemoribus silvis agris cultis et incultis pratis pascuis agrorum decursibus cum nostro favore et benevolo consensu nostro nostrorum heredum ac successorum quorumcunque libere possidere debet et frui ea libertate ut usa est Renunciantes pro nobis et nostris heredibus omnibus juribus que nobis seu nostris heredibus competere possent .. testes hujus nostre approbacionis donacionis et renunciacionis sunt Bertoldus plebanus in apterod . hermannus plebanus in vrincwardeshusen . Henricus de Hunoldeshusen sacerdos . Hermannus sacerdos . Sifridus goldaceir miles et filius suus albertus Conradus de nethere theodericus de Waldeluorot godefridus Ulin et omnes quam plures de civibus in aldindorf . . anno dom. M.CC.LXXVII. IIII non. Aprilis.

---

*) Orpherode. — **) Wüstung Liprechterode bei Kammerbach. — ***) Wüstung Rengershausen bei Witzenhausen. — †) Wüstung Siegershausen bei Lichtenau. — ††) Wölfterode. — †††) Bernsdorf. — *†) Wüstung zwischen Waldkappel und Bischhausen.

32.

1280. *Die Grafen Burkard und Ludolf von Bilstein resigniren dem Abt von Fulda 6 Hufen zu Niederhone, die das Kloster Germerode erhält.*

Venerabili domino suo Voldensis Ecclesie domino
Abbati, Burkardus comes dictus de Bilstein et Lutolfus
patruelus (sic) ejusdem, debitum . . Bona sex mansos videlicet
sitos apud Honde inferiorem villam quos a vobis et vestra
Ecclesia Voldensi tenuimus in feodo . . heredibus nostris
consentientibus in hac parte vobis resignamus libere in
his scriptis, nobis nullum jus usurpando deinceps in eisdem.
Datum anno dom. M . CC . LXXX. XI Kal. Augusti.

Vergleiche Nr. 34.

33.

· **1283.** *Graf Ludolf von Bilstein übergiebt dem
Kloster Germerode Güter zu Niederhone, Hilgershausen,
Reingozhausen und Rossbach.*

In nomine domini amen. Nos Ludolfus de Bylsten
Comes . quod prejudicialis nimis existeret societas inter
nos . prepositum . et conventum Monasterii in germarod .
contracta exstitit et condicta . divine reverencie intuitu .
et per formam composicionis. per arbitrores (sic) . dominum
Heynricum de Hansten . Dythmarum de Virbach . Milites .
per Waltherum de Hunoldeshusen . et Symonem de Nethere
laycos . Magistro Rudolfo rectore Ecclesie de Esschenewege . et domino Wernero de Besse milite . advocato
ibidem . ad concordandum prefatos arbitrores . si dissen-
tirent . assumptis . editam et conceptam . renunciavimus
omni actioni seu questioni . que nobis quoque modo seu
de facto seu de jure . occasione predicte familiaritatis
competere videbatur . Ita . quod de rebus sive de personis ipsius Monasterii nullum nobis jus . de cetero vin-
dicabimus . nisi . quod vicissitudine favoris mutuo repen-
dere possumus. . . Expresse quoque renuntiavimus quatuor
agris in inferiori villa honde . Hildegershusen manso et
dimidio . Reyngothusen *) allodio . et bonis in Rospach .
ab omni onere . quod nobis vendiavimus in bonis locorum
predictorum . prepositum et Monasterium memoratos . et

---

*) Rengershausen, auch Reinhardshausen, Wüstung oberhalb
Witzenhausen, an der Gelster, s. Landau, Wüstungen S. 293.

colonos sive pensionarios eorundem . liberaliter absol-
ventes . Ad observationem nichilominus omnium predictorum nos arbitroribus manualis datione fidei obligantes .
Testes sunt . Magister Guntherus Cantor ecclesie Fryts-
lariensis . dominus Johannes de Spangenberg plebanus .
dominus Gerhardus de Wassenhusen miles . Erkenbertus
de Owa . Heinricus dictus asininum capud . Hermannus
de Nethere . Hermannus Sperysen . Engelbertus . Har-
pertus . Heynricus de Oldendorph et alii quam plures fide
digni . In hujus vero testimonii . renunciationis . cessionis
et obligationis nostre presens scriptum . nostro . Magistri
Rudolfi . Werneri de Besse . Heynrici de Hansten pre-
fatorum sigillis roboratum dedimus preposito et conventui
sepedictis . Actum et datum Esschenewege in crastino
beate Gerdrudis . Anno dom. Millesimo . ducentesimo .
octogesimo tercio.

(Angehängt sind die grossen herzförmigen Siegel des Grafen
Ludolf, Werners von Besse und Heinrichs von Hanstein)

34.

1284. *Der Abt von Fulda approprizirt dem Kloster
Germerode 6 Hufen zu Niederhone.*

Nos Berthous dei gracia fuldensis Ecclesie Abbas,
Marguardus Decanus, Totusque conventus ibidem Recognoscimus . . quod sex mansos sitos in Honde cum omnibus
suis compertinenciis ac juribus quos nobiles viri Comites
de Bilstein ab Ecclesia fuldensi in feodo habuerunt . .
Ecclesie in Germarrode appropriavimus tali modo quod
singulis annis in perpetuum sex talenta cere in Nativitate
beate Marie ad Cameram domini Abbatis census nomine
omni relegato obstaculo finaliter persolvantur ab eisdem.
Hujus rei testes sunt Albertus propositus Montis sancte
Marie, Berthous propositus sancti Johannis, Conradus de
Cygenhayn, Capellanus, Berthous de Libesberg, Rabmoldus,
Gerlacus coquinarius, Heinricus unico Milites et alii plures
fide digni. Acta sunt hec anno dom. M.CC.LXXXIIII in
vigilia apostolorum Petri et Pauli. 4. Kal. Julii.

35.

1284. *Die Grafen von Bilstein schenken dem
Kloster Germerode ein Gut in Albungen.*

Nos Borchardus, Otto et Ludolfus Comites dicti de

Bylsten . Recognoscimus, per presentes fideliter protestando . quod libero de consensu propositi Ottonis Aptherod, Helboldi et Alberti Comitum ac aliorum heredum nostrorum spontanea voluntate donavimus bona domini Sychmari militis, dicti de Virbach, que a nobis in feodo tenuit, in agris, areis et in aliis attinenciis quibuscunque, in Albungen sita, Ecclesie seu conventui dominarum in Germarod, ad perpetuam proprietatem, libere possidendo, ad cujus robor validius, ipsi ecclesie in Germarod, hanc paginam nostris sigillis dedimus communitam. Datum V Kal. Novembr. anno dom. milles. CC.LXXX . quarto.

36.

1288. *Hartrad von Reichenbach schenkt dem Kloster Germerode Güter in Paskenrode *) u. Hasselbach.*

In die beati marci evangeliste. Ego Wernherus dictus de Richenbach . . recognosco, quod Hartradus de Richenbach cum consensu mee voluntatis bona sua . . in paskenrade et in Hasselbach sita, contulit ecclesie in Germerode cum filia sua Hedewige, perpetuo possidenda. . . Sigillo Wernheri militis de Besse, qui testis hujus donacionis est, corroboratum.

(Das anhängende herzförmige Siegel Werners von Besse — 3 Quorbalken — hat die Umschrift: S. Wernsheri de Velsberg.)

37.

1289. *Hermann von Eiterhagen schenkt dem Kloster Germerode seine Güter zu Siegershausen.*

Nos Hermannus dictus comes de Eyterhayn, Rupertus sacerdos et Siffridus, ceterique pueri mei in hiis scriptis publice protestamur, quod de omni jure quod habere cognoscebamur in bonis Segehartheshusen sitis, quod nostrum pheodum appellabatur silvestrum abrenunciavimus propter deum, quicquid vero juris in bonis supra dictis habere videbamur domino preposito sanctimonialium in Germarode et eidem fabrice admisimus perpetuo optinendum . Hujus rei testes sunt dominus de Virbach ordinis theutonice domus, Conradus de retrode et Henricus filius suus et alii quamplures fide digni . In hujus rei testimonium presentem

---

*) Wüstung im ehemaligen Gerichte Harmuthsachsen.

litteram sigillo burgensium nove civitatis Lichtenowe fecimus
communiri. Datum et actum in die annunciacionis beate
virginis anno dom. M.CC.LXXXVIII.

(An der Urkunde hängt das grosse runde Siegel — 3 aufsteigende Thürme — der eben gegründeten Stadt Lichtenau, die
zuerst Walburg mag geheissen haben, weil das Siegel die Umschrift
hat: Sigillum civitatis de Walberc. S. Landau, Hessengau S. 102.)

38.

1290 in crastino Epiphanie. *Die von Netra und
Westerberg verzichten auf Güter zu Gunsten des Klosters
Germerode.*

Nos Consules Civitatis Eschenewege publice recognoscimus .:, quod Symon et Hermannus fratres de Netere
et Reynhardus de Westerberc cum suis heredibus, actioni
et impeticioni quam habere possent . in bona et hereditatem
bonorum, que mater predicti reynhardi claustro Germarrod
in salutis anime sue remedium dedit . ., renunciaverunt
coram nobis, cujus testes sunt . dominus Heynricus de
Tunzebach . Ebberhardus de domo Lapidea . Heinricus de
Aldendorf . Heynricus Ertmari . Otto . Petrus . Wilhelmus .
pistor . Walchunus . Hermannus calcariator . Albertus
ante montem . et Hermannus Sperysen.

39.

1291. *Abt Heinrich von Hersfeld ersucht die thürin-
gischen Landfriedenserhalter, das Kloster Germerode in
seinen Besitzungen zu Oetmannshausen zu schützen.*

Henricus dei gracia Hersveldensis ecclesie Abbas Nobilibus viris de Hohenstein et de Bychelingin Comitibus,
Ceterisque conservatoribus generalis pacis per Thuringiam
constitutis salutem cum plenitudine omnis boni. Recognoscimus veritatis testimonium prohibentes, quod dilectus
pater noster Boto de Boumneburg bone memorie dudum
defunctus dimidietatem ville Otwineshusen cum omnibus
suis pertinenciis et proventibus quocunque nomine cen-
seantur, ad ipsum ex antiquissimis temporibus a suis progenitoribus proprietatis titulo legitime devolutam monasterio
sanctimonalium in Germarrode tradidit et legavit propter
divinam remuneracionem et in anime sue remedium et
salutem, quare vestre nobilitatis rogamus attencius equitatem

quatenus propter deum et justicie intuitu, Advocatum de
Boumneburg dictum de Trebere diligenti jubeatis cum
effectu, quatenus, prefatum monasterium in dicte ville di-
midietate ipsi monasterio tradita, tam legitime et donata
impedire non persumat(!) Datum Hersveld anno dom. M.
CC.LXCI XI Kal. Septembris.

(Das runde Siegel des Abts hängt an.)

40.

`1297. VIII. Kal. Maji. Hersfeld. *Reinhard und
Heinrich, Advocaten von Sontra, resigniren der Aebtissin
zu Eschwege 2 Mansen zu Hornel*).*

Venerande patrone domine sue . . Abbatisse Eschene-
wegensi, Reinhardus Advocatus de Sunthra et Heinricus
frater ejus, dicti ante valvam **) paratam semper ad omnia
ejus obsequia voluntatem . Bona nostra sita in terminis
ville Harnayl scilicet duos mansus, quos a vobis et a vestra
ecclesia habemus titulo justi feudi, acceptata debita com-
pensacione a Johanne de Eschenewege, quam idem Johannes
nobis favere permisit de bonis suis sitis prope Eschenwege, ad instanciam ipsius Johannis vobis, per presentes
nostras literas libere resignamus, que bona eciam ipse
Johannes a vobis habuit titulo feodali. In cujus rei cer-
titudinem presentes damus literas, sigillo mei Reinhardi
predicti firmiter roboratas... Presentibus domino Conrado
de Appenveld plebanus Hersfeldens. Th. scriptore, Hermanno de Iwa clerico, Ludewico de Sulza, Reinoldo de
plano, Helwico frisone, Th. dicto Schaez, Sifrido de Cappele, et aliis. —

(adhaeret sig. Reinhardi, gross, herzförmig, der boyneburgische quadrirte Wappenschild.)

41.

1297 VI. Kal. Jul. *Graf Otto von Bilstein schenkt dem
Kloster Germerode das Patronatrecht zu Frankershausen.*

Nos Otto dei gracia Comes de Bilstein recognoscimus

---

*) Laut einer Urkunde des Eschweger Cyriaxstifts von 1297, III.
nonas Augusti approprizirt die Aebtissin zu Eschwege diese 2
Hufen dem Kloster Germerode. — **) dürfte zu beziehen sein
auf die Dingstätte vor dem Oberthor zu Sontra.

˙ . quod de consensu domini Burchardi Canonici ecclesie
sancte Marie in Halberstad fratris nostri jus patronatus
ecclesie in vrancwardeshuscn Ecclesie sanctimonalium in
Germerrode pro salute animarum parentum nostrorum
nostraque dedimus. Testes: Henricus de Drivordia . Fridericus filius suus . Johannes de Eschenewege, Johannes
de Albungen, Bertoldus Caput asini, Henricus frater suus,
Conradus luge et quidem dictus sigellator . Dile sororius
suus et Eckehardus de Waldolverode et plures. . . Datum
anno dom. milles. CC . XC. VII. VI. Kal. Julii.

(adhaeret sigill. Ottonis: 3 Beile. s. Nr. 30.)

42.

1297 in die Johannis. *Heidenreich von Vargula
giebt dem Kloster Germerode 1¹/₂ Mark Gülte zu Kirch-
heilingen.*

Nos Heydenricus de Varila et Ermengargis uxor sua
recognoscimus . . quod dedimus . . proposito et Conventui
. . in Germarode, Magunt. dyoeces. prepositure Heylinge-
stad marcam et dimidiam annuos redditus usualis argenti
quod Molhus. datur . . in bonis nostris propriis in Keyr-
heylingen videlicet in manso et dimidio . . ad emendacionem
prebendarum suarum ac filie nostre incluse cum eisdem . .
recmendas cum 15 marcis. . . Testes Conradus plebanus
in Keyrchelingen, Th. viceplebanus in Welsbeyche, Cri-
stanus Scorbrant, Ditmarus de Varila.

(adhaeret sig. Heydenrici.)

43.

1300. *Graf Burchard von Bilstein genehmigt die
Schenkung des Patronatrechts zu Frankershausen ans
Kloster Germerode.*

Venerabilibus in Christo . . preposito ac Conventui
in Germerade Borchardus de Bilstein prepositus in Abbe-
derode — recognoscimus quod donacionem quam frater
noster Otto ac heredes nostri alii fecerint in Ecclesia fran-
querdeshusen . ratam habemus in nomine domini. In cujus
rei testimonium sigillum nostrum presentibus duximus apponendum. Datum Halberstad anno dom. M.CCC. in vigilia
palmarum.

(adbaer. sigillum Burchardi canonici Halberst. et propos. in Abterode — ein ovales geistliches Siegel mit dem bilsteinischen Grafenwappen, cf. Nr. 30.)

44.

1300 in die Galli. *Vermächtniss des Günther Tutelin von Creuzburg an's Kloster Germerode.*

Nos Heynricus propositus . Jutta de Hunoldeshusen priorissa totusque conventus in Germarrode ordinis sancti Augustini profitemur . . quod 20 solidos denariorum ysenachensis monete Gunthero tutelini militi de Cruceborg et Cunegundi uxori sue pro 5 marcis argenti usualis in Cruceborg vendidimus a nostris censualibus *). . . Testes Henricus propositus sanctimonialium in Cruceborg, Hermannus sacerdos de Cruceborg, Gyselherus de Tullestete advocatus ibidem, Hermannus de Netere, Willoys civis in Cruceb. et alii.

(adhaeret sig. propositi Henrici in Cruceborg. Auf der Rückseite der Urkunde steht: super censum in yffede cruceborg et hessenouwe. Hessenau, Wüstung bei Ifta.)

45.

1308. *Das Stift Fulda bestätigt die Schenkung Heinrichs von Bilstein von 4 Mansen zu Oberhone ans Kloster Germerode.*

Nos H. dei gracia Abbas, Marguardus Decanus, totusque conventus fuldensis ecclesie Recognoscimus . . quod cum nobilis vir Henricus de Bilstein zelo devocionis accensus priorisse et conventui Monasterii sanctimonialium in Germerode quatuor mansos sive hubas sitos in terminis ville Oberhonde quos a nobis tenuit in feudum et . . ibidem suum erat allodium sub infrascriptis modis et conditionibus in anime sue remedium contulisset et tradidisset, videlicet quod priorissa et Conventus predicte suis sumptibus et expensis, quendam teneant perpetuis temporibus sacerdotem qui in quodam altari dedicando in honorem omnium Angelorum, beati Thome apostoli et omnium apostolorum in dicto suo monasterio missam celebret omni die, quod quidem altare in festivitatibus beati Michahelis, beati Thome apo-

---

*) Soll nach deren Tode an's Kloster Germerode zurückfallen.

stoli et divisionis Apostolorum venerari debet specialiter
in divinis, ac a nobis humiliter petivisset ut premissis
assensum benivolum praeberemus, Nos cupientes cultum
divini numinis augmentari, donacioni et traditioni pretactis
pium probentes assensum, dictos quatuor mansos tractato
inter nos probabito diligenti, de consensu nostro ac pro-
positorum nostrorum uanimi . . appropriamus . . ita tam
quod priorissa et Conventus . . duas liberas cere in festo
beati Bonifacii super altare ipsius in dicta fuldensi ecclesia
singulis annis in signum recognicionis dominii de dictis
quatuor mansis solvere teneantur, et quod H. predictus
nobis quatuor mansus suos quos habet . . in terminis ville
Albungen de consensu nobilium virorum Guntheri et Friderici fratrum dominorum de Salza proximorum heredum
ipsius donet et tradat in recompensam et locum premis-
sorum quatuor mansorum in Obernhonde a nobis proprietatis titulo perpetuo possidendos, quos quidem quatuor
mansus in Albungen nos. H. Abbas . . eidem H. loco pre-
fatorum mansorum quatuor in Obernhonde in feudum post-
modum concedimus . In quorum omnium testimonium nostra
sigilla presentibus sunt appensa. Testes autem hujus sunt
honorabiles viri Marguardus Deconus predictus . de Erpha
propositus montis monasterii sancte Marie prope Fuldam,
Ebirhardus de Rorinstein ecclesie fuldensis hospitelarius .
R. dictus Eselskop, Nobiles viri Hermannus comes de
Battinburg, Andreas dominus de Brunecke, Strenui viri
Ludewicus de Schenkewalt, Henricus de Abiete, Simon de
Slidese, Wigandus de Lutere, Cunradus de Bienbach milites,
nostri et dicte nostre ecclesie Vasalli et quam plures alii.
Datum anno dom. M . CCC. VIII . X Kal. Augusti.

(Mit dem grossen runden Fuldaer Conventssiegel und dem
des Abts.)

46.

1309 tercio Idus Decembris. *Heinrich von Bilstein
schenkt dem Kloster Germerode seine Güter in Oberhone.*

Nos Heynricus dictus de Byelstein universis . . cupimus
esse notum quod . . Coenobitis in Germarrode, pio dei
amoris intuitu dedimus nostra bona sita in superiori Honde
cum omnibus censualibus attinenciis utpote possedit dominus
Hermannus de Wisintveld jure proprietatis perpetue possidenda . Tali nihilóminus conditione interjecta, quod eadem

bona ad procurationem dominarum ibidem inclusarum perpetue sint spectantia, et ut ibidem sacerdos perpetue teneatur, qui singulis diebus in altari a nobis dotato missam celebret in memoriam omnium fidelium defunctorum.

(Es hängt an das grosse herzförmige Treffurt'sche Siegel, ein Rad, mit der Umschrift: S. Heinrici filii senioris de Drivordia.)

47.

1809 Kassel XVII Kal. Octobr. *Landgraf Johannes bestätigt diese Schenkung.*

Nos Johannes dei gracia Lantgravius Terre Hassie, dominus, Recognoscimus . . quod appropriacionem quatuor mansorum, in villa superiori Honde sitorum quos olim Hermannus de Wysintfeld, plebanus in antedicta villa Hondin habuit et possedit, factum sanctimonalibus cenobii Germarrode, per venerabilem patrem, dominum nostrum Henricum abbatem fuldensis ecclesie, a quo idem mansi . . feodaliter dependebant, gratum gerimus atque ratam volentes, ut idem cenobium Germarrode hac appropriacione . . semper tueri volumus.

(Angehängt ist das grosse Landgräfliche Reitersiegel, auf dessen Rücken der hessische Wappenschild.)

48.

1310 in die Panthaleonis. *Das Kloster Reifenstein verkauft dem Kloster Germerode 1 Hufe zu Welsbach.*

Nos frater Hermannus Abbas et conventus in Ryphenstein recognoscimus, quod proposito et sanctimonialibus in Germerode vendidimus unum mansum in campis ville Welysbeche pro viginti marcis puri argenti . Testes . Erkenbertus de Owa, Johannes Elmari, Albertus Heroldi, Cunrad Engelbertus, Eberhardus Glune et alii.

(adhaeret sigillum abbatis de Ryfenstein.)

49.

1311 in crastino Margar. *Das Kloster Germerode erwirbt die Mühle zu Niederhone.*

Reynherus Decanus ecclesie Heylgenstad. judex a dominis sancte Maguntine sedis judicibus deputatus bekennt in Betreff des Streits zwischen dem Kloster Germerode und der Berchta relicta quondam Alberti de Hocheym wegen einer Mühle zu Niederhone, die durch Strigerum sacerdotem an sie gekommen sei, dass letztere diese Mühle dem Kloster Germerode übergebe und dagegen jährlich vom Kloster eine Pension von 6 Malter Frucht und einem Schweine erhalte; nach ihrem Tode solle diese Pfründe an ihre Töchter, Nonnen zu Germerode, fallen pro emendatione suarum prebendarum. Zeugen: dominus Arnoldus et magister C. de Northusen, Canonici ecclesie Heilgenstadensis, magister erde Heilg. canonicus Northus. Hartmann Rector puerorum in Heilgenstad . Albertus de alta via . Hartmannus Rinnebuch Oppidani ibidem.

(Angehängt ist das Decanatssiegel — Ritter Georg, den Lindwurm tödtend.)

50.

1312 in die omnium sanctorum. *Anstellung eines Priesters im Filialkloster zu Welsbach.*

Frater Decanus et Officialis prepositure Jecheburgensis sanctimonialibus in Welsbeche sinceram in domino karitatem. Cum ad cultum divinum ampliandum in villa Welsbeche predicta plantacionem novi oraculi intendatis firmiter instaurare, in quo Christi virgines recepte non cessabunt dei laudem devotis vocibus sedulo decantare, Ideoque religiositati vestre ex nostro officio, licenciam habendi sacerdotem ydoneum ad tempora presentibus indulgemus, cujus celebracio esse non debet parrochiali ecclesie in Welsbeche sepedicte, in oblationibus et in aliis juribus parrochialibus nocitura.

(adhaeret sigillum ecclesie in Jecheburg.)

51.

1313 feria 3 post dom. Invocavit. *Der Rath der Stadt Eschwege bekennt, dass Bertold de Lapide das Kloster Germerode an der Mühle zu Niederhone nicht behindern wolle.*

(Sehr schadhafte Urkunde.)

52.

1315 in vigilia beate Katherine. *Der Rath der Stadt*

Eschwege bekennt, dass Ebberhard Glune dem Werk-
meisteramt zu Germerode als Seelgeräthe geschenkt habe
den Zins von 1 Huhne und 4 Schillingen Eschweger
Währung, die Hermann Vinke de curia sua ante Boi-
menborgerthor geben müsse.

(adhaer. sig. civitatis majus.)

53.

1315 octavo Kalendas Marcii, hoc est in kathedra
sancti Petri. *Eckhard von Cappel schenkt dem Kloster*
Germerode 1 fuldische Hufe bei Harmuthsachsen.

Nos Ekkehardus de Cappele dictus de Grune cupimus
fore notum . . quod . . consensu domine Alheydis nostre
legittime . . dedimus Ecclesie in Germarrode cum dilecta
filia nostra Jutta ibidem religioni et ordini tradita bona
nostra videlicet Mansum Vuldensem sitam in aylsteche prope
villam Ermensassen obtinentem tres mansus in agris fer-
tilibus pratis atque silvis. . . Nos vero Hermannus de Vels-
perc . Hartradus de Richenbach famuli et communitas vil-
lanorum in Ermensassen hec audivisse et vidisse prote-
stantur.

(Die grossen herzförmigen Siegel hängen an.)

54.

1315 feria 3 post dom. Quasimodogen. *Das Kloster*
Germerode erwirbt 2 Mansen in Welsbach.

Nos Heymbrodus propositus, Kirstina priorissa totusque
Conventus in Germarode recognoscimus . . quod dominus
Conradus Sperysen Cantor ecclesie Heylgenstadensis nobis
. . duos mansos in Nydern Welsbeche apud dominos Abbatem et Conventum in Hoenberg pro decem et octo marcis
puri argenti comparavit, quod eidem domino Conrado mini-
strabimus de mansis predictis intuitu pensionis 12 maldra
6 puri tritici et 6 bone siliginis ad tempora vite sue in
Molhusen vel in Eschenewege . ., quo mortuo tria maldra
filie fratris sui et tria filie sororis sue consororibus nostris
ad vestes vel ad alias necessitates suas cuilibet ad tempora vite sue. Acta sunt hec presentibus Gotfrido in
Suebede, Hermanno in Tudenhusen *), Erkenberto in Greben-

*) Ausgegangenes Dorf zwischen Jestädt und Grebendorf.

dorf, Alberto in Owa, Heynrico in Tunczebach, Ecclesiarum plebanis.

55.

1315 feria 6. ante dom. Quasimodogeniti. *Denselben Erwerb betreffend.*

Nos Gyselerus dei gracia Abbas totusque Conventus Monasterii in Hoinberch ordinis sancti Benedicti prope Salcza recognoscimus .. quod .. ob recuperacionem duorum mansorum ecclesie nostre nobili viro domino Gunthero de Salcza obligatorum .. vendidimus proposito totique Conventui in Germarode duos mansos in campis ville Nidern Welsbech pro 18 marcis puri argenti . Testes dominus Hermannus de Nethere sacerdos, dominus Reynbardus sacerdos, frater Fridericus Commendator Curie in Aldenguttern, Albertus de Welsbeche famulus, Andreas de Eschenwege, Conrad Elgeri et Albertus de Welsbeche.

(adh. sig. conventus.)

56.

1315 X Kal. Januarii. *Das Kloster Germerode giebt Zehnten an die Pfarrei Niederhone.*

Intendit probare Henricus Rufus Rector ecclesie sancte Martini in Honde quod Priorissa et Conventus sanctimonialium in Germaroyde teneantur sibi solvere annuatim 3½ maldrum siliginis et unum maldrum avene nomine decimationis de bonis suis sitis in terminis ville inferioris Honde. .. Henricus dictus Bessere, primus testis, sagt, es verhielte sich also, er sei vor 30 Jahren famulus domini Strigeri gewesen. Damit stimmen noch 4 andere Zeugen.

57.

1316 IV. non. Decembris. *Das Kloster Germerode erwirbt Güter in Welsbach*).*

Nobili domino .. Bertoldo Comiti de Henneberc Lutolfus et Henricus fratres domini Castri Aldenguttern .. bona nostra in Nedern Welspeche videlicet tres mansos cum dimidio, duas marcas Mulhus. warandie provenientes

---

*) Siehe Urkunde 61.

de inpingnacionibus porcorum molendini ibidem cum aliis pensionibus denariorum et 6 pullos cum precio quod vocatur Hertmite de quibus a vobis et a vestris progenitoribus infeodati sumus . . vobis resignamus.

(Die grossen herzförmigen Siegel der von Guttern hängen an.)

58.

1316 pridie Idus Decembris. *Graf Bertold von Henneberg giebt seine Rechte an diesen Gütern, sowie das Patronatrecht zu Niederwelsbach, welches auf diesen 3¹/₂ Hufen haftete, dem Kloster Germerode als Seelgeräthe.*

Testes: Guntherus de Salza, Conradus de Byenbach, Ortolfus de Rugerieth, Hertnidus de Monte, Bertoldus advocatus in Hennenberg milites, nostri fideles.

(adhaeret das grosse runde gräfliche Siegel, eine Henne, mit der Legende: S. comitis Bertoldi de Hennenbergh.)

59.

1316 16. Kal. May. *Das Kloster Germerode erwirbt Güter in Elberode*).*

In nomine domini amen. Nos Henricus prepositus totusque Conventus montis sancti Petri **) prope Hersfeldiam ordinis sti. Benedicti Erpibolensis Dyocesis recognoscimus . . quod . . Rudolfus Plebanus in Hyldegerode ***) . . omnia bona sua in Eberolderode que a nobis jure hereditario possedit, solventia nostre Ecclesie singulis annis 16 solidos Eschwegensium denariorum maldrum avene cum dimidio mensure Eschwegensi et 6 pullos . . Preposito et Conventui Sanctimonialium in Germarode se vendidisse recognovit . . rogans quod . . preposito et Conventui predictis jure quo ipse possederat, conferre dignaremur. . . Testes: dominus Fridericus prepositus in Heyda . Hermannus plebanus in Hersfeldia . Henricus et Ludewicus sui socii ibidem sacerdotes et Hermannus Dyle.

(Angehängt das Siegel Heinrich's — der Apostel Petrus mit dem Schlüssel über dem boyneburgischen Wappen — und des Convents zum Petersberg. S. Urk. Nr. 76 und 78.)

---

*) Der jetzige Schafhof bei Germerode. — **) Dieses Stift besass mehr Güter in der Nähe, z. B. in Niddawitzhausen, Wankenrode. — ***) Hilgerode, auch Hildegarterode, ist eine Wüstung bei Urlettich (bei Mitterode).

60. ·

1317 4 Kal. Novembris. *Das Kloster Germerode erwirbt einen Hof in Eschwege.*

Nos Hartmudus de Sunthra . Albertus dictus Vleminc . magistri Consulum in Eschenewege . Ceterique Consules videlicet Conrad Houbit . Henricus Sperysen . Henricus Cappele . Henningus pet . Johannes Anczoph . Bertoldus dictus Hutere . Hermannus de Bruhardisdorf *) . Conrad Bilstein et Ludolfus in littore recognoscimus .. quod dominus Heymbradus de Bomeneborc, prepositus Sanctimonialium in Germerode, nomine ejusdem ecclesie sue curiam quendam Henrici dicti Houbetis pie recordacionis contra Albertum de Tastungen pro septem marcis puri argenti sibi per-solutis .. comparavit .. Insuper nos unum fertonem puri argenti annis singulis consulibus in Eschenewege .. nomine exactionis dande ab ipsa curia acceptavimus. Nolentes eciam ipsos quacunque necessitate urgente super fertonem .. onerare. Eo tamen salvo quod noctis vigilias facient et custodes valve remunerabunt suo tempore sicut a sin-gulis nostris concivibus fieri est consuetum. Preterea de speciali amicitia et favore damus domino proposito et qui loco suo in Germerode pro tempore fuerit jus municipale secundum nostre civitatis consuetudinem antiquitus ap-probatam.

(adhaeret sigillum civitatis majus.)

--- --- ---

61.

1317 feria 6 post Epiphan. *Gerichtliche Beur-kundung des Ankaufs von 3¹/₂ Hufen etc. zu Welsbach**).*

Henricus de Uleyben Officiatus et judex in Tunges-brucken ***) ex parte principis Friderici Marchionis Mis-nensis Thuringieque lantgravii recognoscimus .. quod coram nobis constituti hodie existente plebicito terre com-muni, Heymbradus prepositus sanctimonialium in Germarode. Ludolfus et Henricus fratres domini Castri in Aldenguttern, Heylewigus et Agnes, uxores eorum, Ludolfus et Henricus, Albertus, Henricus et Fredericus ipsorum heredes, .. iidem fratres etc. bona in Nedernwelsbeche videlicet 3¹/₂

---

*) Brausdorf, Wüstung bei Wipperode. — **) S. Urkunde 57 und 58. — ***) Thomasbrück.

mansos, 2 marcas Mulhus. warandie provenientes de in-pignacionibus porcorum molendini ibidem cum aliis pen-sionibus denariorum pullos de censu quod hertmite vocatur ejusdem ville, sex eciam pullos ipsis de Curia Monasterii prefati debitos ipsis vendiderunt, insuper jus patronatus ejusdem ville. — (Die beiden Frauen verzichten.) Testes hujus resignacionis: Lodowicus de Ubeche *), Fredericus de Hophfgarten milites, Heyno de Slatheym, Hermannus de Heylingen, Hermannus de Novo foro, Berthous scrinfp, Reinhardus Scrinfp milites, Hermannus et Hermannus domini in Spangenberg, Johannes de Cornre, Ekkehardus Scelle-vilt, Hermannus de Sebeleyben, Henricus Biderkerichen, Heyno de Lengefelt, Ekkehardus vrigbote, Albertus de Welspeche famuli, dominus Henricus de Hattenbach, Hen-ricus de Indagine, Guntherus Buchstein, Henricus Cappel-lanus dominorum in Aldenguttern, Rodolfus de Mila sacerdotes.

(adh. sig. H. de Uleyben — Helm mit 5 Federbüschen.)

62.

1317 feria 6 post Epiph. *Rudolph und Heinrich Brüder, domini in Aldenguttern, bekennen, dass sie dem Kloster Germerode ihre Güter in Niederwelsbach für 50 Mark reinen Silbers verkauft haben.*

Dieselben Zeugen, wie in Nr. 61.

63.

1317 quarto Idus Augusti. *Heinrich und Hartwig fratres, domini Castri in Erpha, geben als Mitbelehnte zu vorstehendem Kaufe Ludolfs und Heinrichs von Got-tern, ihrer patruorum, ihren Consens: für ihren Abstand am Patronatrechte zu Niederwelsbach erhalten sie von ihren patruis das jus patronatus in Heroldeshusen.*

64.

1318 feria 6 ante diem palmarum *Ludwig von Ubach verkauft dem Kloster Germerode Gefälle zu Niederwelsbach.*

---

*) Wüstung bei Mitterode. Die Ubach sind wohl eine Familie mit den von Muterode und von Diede. Alle führen dasselbe Wappen.

Nos Ludewicus de Ubeche miles cum Hermanno et
Friderico meis filiis recognoscimus quod nostros redditus
videlicet qui proprie dicuntur herberge in villa et campis
Nidernwelspeche . . proposito et sanctimonalibus in Germarode vendidimus pro 10 marcis argenti puri et uno
fertone. . . Testes: Guntherus de Wifferstete, Henricus de
Ulleyben, officialis in Tungesbrucken, Hermannus de Sibe-
leiben, Thilo de Aula, Eckhard Vribote.

(adh. sig. Ludewici — herzförmiger, schwarz-weiss quadrirter
Wappenschild.)

65.

1318 6. Kalendas Aprilis. *Landgraf Friedrich von
Thüringen approprizirt vorstehende Gefälle als Lehnsherr
Ludwigs von Ubach, seines Castrensen in Thomasbrück,
dem Kloster Germerode in remedium animarum pro-
genitorum.*

(Angehängt ist das grosse Landgräfliche Reitersiegel.)

66.

1319 in octava Joh. apostoli. *Ludwig von Ubach
verkauft dem Kloster Germerode eine Wiese zu Welsbach.*

Ego Ludewicus de Ubeche miles recognosco, quod
ex consensu Hermanni et Friderici filiorum meorum religiosis personis Cenobii in Germerode pratum quoddam
juxta curiam earum Welspeche vendidi pro 5 fertonibus
argenti puri, quod pratum a nobili viro, domino Bertoldo
Comite de Hennenberg in feodo possedi . Testes: Strenui
famuli Herm. de Sybeleyben, Herm. de Gruzen, Th. de Sal,
Albertus de Welspeche.

67.

1320 in crastino beati Thome. *Die Parochialkirche
zu Welsbach wird dem Kloster Germerode incorporirt.*

Gotfridus Custos, Eberhardus Cantor, Totumque Capitulum Ecclesie Mogunt., sede et Decanatu vacantibus, universis salutem ... Supplicacionibus priorisse et Conventus
Monasterii in Germerode Mogunt. dioces. . . inclinati,
Ecclesiam parrochialem sancti Blasii in Welsbeche cujus
jus patronatus ad priorissam et conventum predictos pertinere dicitur, eidem Monasterio cum omnibus suis fructibus

. . damus, incorporamus et unimus, . . salvo, quod per-
petuus vicarius in dicta Ecclesia per priorissam et Conventum prefatos locandus, Archidiacono loci presentetur
et de Redditibus ipsius Ecclesie sufficiens prebenda et
pensio eidem vicario unde sedis apostolice Episcopatia et
alia jura, hospitalitatem et alia onera ipsius Ecclesie in-
cumbencia sufferre valeat assignetur.

(adh. sig. majus capituli.)

68.

1320 3. Non. Februarii. *Helmbert*) von Sassen**)
gibt dem Kloster Germerode 6 Acker Land zu Reichensachsen.*

Ego Helmbertus de Sayssen nec non Helmburgis mea
legitima . . profitemur, quod de consensu Conradi, Hartungi et Hermanni heredum nostrorum . . dedimus Dilectis
filiabus nostris Konegund, Mechthilde et Jutte . . sanctimonialibus cenobii Germarode in emendacionem vestium
suarum et victualium sustentacionem sex agros hereditarios
sitos in campis ville Sayssen, . . mortuis filiabus in Monasterium devolventur. . . Sigillo civium in Eschenewege.
Nos Hartmudus de Sunthra Henricus Sperysen magister
consulum ceterique scabini et consules duximus sigillum
nostrum presentibus apponendum.

(adh. sigillum civitatis majus.)

69.

1321 feria 5. post purific. Marie. *Die von Erfa verkaufen dem Kloster Germerode Güter in Niederwelsbach.*

Nos Hartungus et Hartungus fratres domini Castri in
Erpha recognoscimus, quod . . vendidimus Monasterio in
Germarode prope Eschenewege bona nostra in villa Nedernwelspeche et campis ejus que a Nobili viro domino Bertoldo Comiti in Hennenberc in feudo habuimus videlicet
quinque mansos cum quarta parte unius mansi, 33 solidos
Mulhusensium denariorum annualis pensionis, 7 antas et 9
pullos provenientes de 2 mansis in campis ejusdem ville,

---

*) Er gehört dem Geschlechte der Spereisen an. — **) d. i.
Reichensachsen.

pullos eciam de censu qui vulgo Hertmile dicitur . . excepto medio manso in terminis Camporum villarum Nedernwelspeche et Obernwelspeche . . pro 65 marcis puri argenti . Testes Conradus Decanus Ecclesie Heylgenstadensis, Fridericus plebanus in aldendorf, Conradus plebanus in Eschenewege, Albertus´ plebanus in Tudenhusen,
Hartradus de Hunoldeshusen et Henricus frater suus, Henricus de Honsteyn, Bertoldus Eselskoph, Johannes de Tannen,
Lodewicus de Vorenowe, Heyno dictus vout nec non
Willoys opidanus in Cruceborg.

- (adh. sig. Hart. de Erfa.)

70.

1321 in die palmarum h. e. pridie Idus Aprilis.
Willebrief des Grafen Bertold von Henneberg.

Nos Bertoldus dei gracia Comes de Henneberc notum
facimus . . quod nobiles viri Hartungus et Hartungus fratres
Domini Castri Erpha fideles nostri dilecti 5 mansos . cett.
(s. Urk. Nr. 69) resignarunt, Petentes ut ipsa bona Monasterio in Germarode appropriare dignaremur . . cum predicti nobis in villa Mechterstete de suis bonis propriis in
recompensum horum bonorum 5 mansos cum quarta parte
unius mansi, 33 solidos denariorum annualis pensionis, 6
antas et 12 pullos tradiderint et a nobis in feodo rece-
perint. . . Testes: Illustris dominus Henricus Comes de
Hennenberc . Magister Henricus de Vrymaria doctor sacre
theologie, Conradus miles dictus de Rogerith, Albertus
miles dictus de Cuborc, Gripho Marscalcus, Bertoldus sacerdos Cappellanus in Erpha.

(adh. sig. Comitis magnum.)

71.

1321 feria 6. in septimana Pasche. *Gerichtliche
Urkunde über den Verkauf der Güter in Nr. 69.*

Nos Heinricus de Weberstete Officiatus et judex in
Tungesbrucken ex parte Principis Friderici Thuringie
lantgravii recognoscimus, quod coram nobis presidentibus
in plebicito communi hodie — dem Propste Heymbrod in
Germarode die beiden Hartungus von Erfa übergeben haben
die Güter, wie in Nr. 69 angegeben. — Testes Lutolfus
dominus Castri aldenguttern, Hermannus de Sebeleyben,

Hermannus de Ubeche castrensis in Tungesbrucken .
Henricus vicedominus advocatus in Bischoffesguttern. Heyno
dictus vout, Albertus de Welspeche, Johannes Notarius in
Tungesbrucken, Ekkehardus Vrygbote.

(adh. sig. H. de Weberstete.)

72.

1322 in vigilia beati Gregorii. *Erzbischof Matthias
von Mainz bestätigt die Incorporation der Parochialkirche
in Welsbach dem Kloster Germerode.*

(s. Urk. Nr. 67 — adh. sig. archiepiscopi — der heilige Martin.)

73.

1322 dominica proxima in festum beati Michahelis.
Die Klöster Kaufungen und Germerode tauschen Güter.

Nos Jutta dei gracia Abbatissa totusque Conventus
dominarum Ecclesie sancte Crucis in Coufungen recognoscimus . . quod cum . . proposito . Priorissa totoque
Conventu . . in Germarode . . inivimus . . concambiam
simpliciter in hunc modum . quod mansum unum situm in
campis ville Walberc cum area in eadem villa . . que
coluit Hermannus dictus Voltnant dedimus preposito etc.
in Germarode. . . In recompensam . . recipimus . . bona
eorum in Homenrode *), in Nyderncoufungen in Steymbul
et in Wickenrode. Insuper est adjectum quod redditus
unius quartalis avene qui datur domino lantgravio vel suo
advocato in Richenbach ad pensionem advocati predicti que
vulgo dicitur voutrecht deponemus de sepedicto manso et
volumus ut dicta pensio unius quartalis avene . . de nostro
allodio in Walberc . . ministratur . . ut Ecclesia in Germarode predictum mansum libere a nobis traditum possideat.
Testes: domini Gumpertus sacerdos prebendarius in Coufungen, Henricus plebanus in Walberc . Rodolfus de Myla
sacerdos . Herwicus de Dytmelle advocatus in Richenbach .
Henricus de Retherode . Henricus de Haynbach et siffridus
calcifex.

(Angehängt sind die grossen ovalen Siegel der Aebtissin
und des Convents, letzteres von sehr schönem Stempel — der ge-
kreuzigte Christus mit der Legende in Uncialen: Sigillum ecclesie
sancte crucis in Couphungen.)

---

*) Vielleicht die Wüstung Hemmenrode bei Kassel, s. Landau,
Wüstungen S. 56.

74.

1325 Oculi. *Die von Venne schenken dem Kloster Germerode Gefälle in Wichdorf und Unterhausen.*

Ego Johannes dictus de Venne *) famulus et Johannes filius et Mergardis filia mea . . recognoscimus . . quod Elyzabet filie quondam Widikindi dicti vrygen moniali in ghermerode annuam pensionem dimidii maldri siliginis . . assignavimus . . singulis annis de bonis nostris in wichtorp et in inferiori Husen **), ad nos ex parte prefati Wide-kindi hereditarie devolutis, que bona ecclesie in Hasungen nunc vendidimus . . Ne autem ecclesia in Hasungen . . patiatur aliquod detrimentum, prefate ecclesie universa bona nostra in Rittervenne ***) obligamus in equalem recompensam. . . Testes: Hermannus et Wernherus fratres milites dicti de gudinberg, Johannes et Henricus fratres de elbene, tylo de werchen, castellani in gudinspurg una et proconsules atque consules ibidem . . Sigillo Hermanni dicti Wackermule.

75.

1325 XIII. Kal. Junii. *Die von Hornsberg erhalten vom Kloster Germerode Wolfsanger zu Erbe.*

Nos Andreas et Hertyngus fratres dicti de Hornsperg nostrique heredes Recognoscimus . . quod Heymbradus prepositus necnon Kristina priorissa Totusque conventus Cenobii in Germerode nobis . . hereditario tytulo villam dictam Wolvesanger cum omnibus suis pertinentiis contulerunt videlicet nemoribus pratis agris campis pascuis et aquis et aliis universis suis juribus quesitis et querendis honore et commodo perpetue possidencia Conditione tali interposita et adjecta ut ipse Andreas et Hertyngus seu nostri heredes singulis annis unam libram hallensium conventui ministremus.

(adh. sigilla de Hornsperg.)

76.

1325 feria 4 ante festum Martini. *Das Kloster Germerode erwirbt Güter in Elberode.*

Ego Theodericus Wedegonis miles . . recognosco .

°) Wüstung bei Gudensberg. s. Landau, Wüstungen S. 158. — **) Hausen ist eine Wüstung bei Kappel und Obermöllrich, s. Landau, l. c. S. 147. — ***) S. Landau, l. c. S. 159.

quod vendicionem ville Ewerolderode per dominum Ro-
dolfum de Myla plebanum in Hildegerode meum avunculum
cum consensu heredum suorum Conventui ac monasterio
sanctimonialium in Germerode . . factam . . cum certis
bonis a Conrado dicto hobeth civi in Eschenewege . . sibi
comparatis approbo . . et warandiam ab omni impugnacione
Waltheri de Myla soceris mei ac uxoris sue nec non Waltheri, Heynrici et Gerdrudis ipsorum liberorum . . Sigillo
meo ac sigillis . . Johannis plebani in Rusteberg, Witze-
lonis militis de Ragolderode nec non Hartradi de Hunoldeshusen famuli.

(adh. sigilla, s. Urk. Nr. 58.)

77.

1326 6. Idus Martii. *Albert von Weidenhausen*
verkauft dem Kloster Germerode ¹/₂ *Manse zu Elberode.*

Nos Heinricus junior terre hassie lantgravius . . volumus esse notum . quod Albertus de Weidenhusen . .
vendidit . . Sanctimonialibus Ecclesie in Germerode dimidium mansum in Eberolderode testantibus Henrico plebano
in Apterade, Johanne plebano in Hunoldeshusen, Hermanno
dicto Berman, Henrico de Widenhusen, Hermanno de Treyse,
pro 2 marcis et uno fertone puri argenti.

(adh. sig. lantgravii minus.)

78.

1326 16. Kal. Febr. *Rudolf von Myla verkauft dem*
Kloster Germerode Güter zu Elberode.

Rudolfus dictus de Myla Plebanus in Hyldegerode cupio
fore notum quod . . vendidi . . proposito Priorisse et
Conventui in Germarode omnia bona mea in Eberolderode
cum omnibus suis juribus et pertinenciis . . videlicet agris,
pratis, pascuis atque lignis . . que quondam a Hermanno
dicto Sneyttelere et Conrado dicto Houbet titulo empcionis
comparavimus pro 16 marcis puri argenti. . . Testes dominus Hartungus Plebanus in Ermensassen, Johannes Plebanus in Hunoldeshusen, Th. sacerdos vicarius in Germarode, Hermannus Cellerarius ibidem, Conradus et Henricus
Carpentarii, Bertoldus opilio et alii.

(adh. sig. Rudolfi, s. Urk. Nr. 58.)

79.

1326 in die beati Luce evangeliste. *Albert von Welsbach verkauft dem Kloster Germerode eine halbe Hufe zu Niederwelsbach.*

Ego Albertus dictus de Welspeche et Gysele uxor mea recognoscimus, quod cum consensu heredum nostrorum videlicet Hermanni, Alberti, Herdigeni ac Tele, necnon Theoderici dicti de Herneslyben, Theoderici de Appenheylgen ac aliorum . dimidium mansum, qui vulgariter dicitur ginartes hove in campis ville Nedernwelspeche de quo singulis annis duo solidi persolvebantur Ecclesie in germerode vendidimus pro 14 talentis Molhus. denariorum. Sigillo Ludolfi de Guttern . Testes: dominus Hermannus de Neter plebanus in Tenstede, dominus Bruno capellanus in Nederwelspeche, Dytmarus de Appenheylgen, frater Conradus dictus Elgere.

(adh. sig. de Guttern.)

80.

1326 feria proxima ante Remigii. *Reinhardus dictus Stolzce, advocatus in Tungesbrucken, bekennt, dass Ditmarus de Welsbeche dem Kloster Germerode $\frac{1}{2}$ Hufe in Niederwelsbach vor Gericht verkauft habe.*

Testes: Th. miles et H. dicti de Gruzen, Kristanus Stozebrant, Jo. scriptor jurisdictionis, Th. fribote.

(adh. sig. Reinhardi.)

81.

1326 idibus decembris. Erford. *Einweihung der Capelle zu Welsbach.*

Mathias Magunt. sedis Archiepiscopus . proposito Priorisse et Conventui in Germerode salutem . Ut Capella curie vestre in Welspeche cum altari in ipsa erigendo a domino Ditmaro episcopo Gabulensi gerente in spiritualibus vices nostras consecrari valeat, presentibus indulgemus, nolentes tamen hoc plebano loci vel sue parrochie in aliquo derogari.

(adh. sigillum Mathiae majus.)

82.

1327 in festo nativitatis beate Marie. *Die von Eltmannshausen verkaufen dem Kloster Germerode ihre Güter zu Wankenrode*).*

Nos consules in Witzenhusen recognoscimus .. quod Hermannus de Eltwineshusen filius quondam Henrici opidani in Witzenhusen . cum gerdrude sorore sua et Mechthilde uxore sua recognovit, se .. vendidisse bona sua in Wannekenrode eo jure et utilitate quibus pater suus ac ipse possedit .. permissione Henrici et Engelfridi fratrum Hermanni absencium .. proposito et conventui cenobii in Germarode pro 10 marcis argenti puri. — Vom Propste des Hersfelder Peterstifts, dem Lehnherrn, will er Währschaft bringen. Bürgen: H. de Buren sen. et jun. et Johannes dictus Cruse cives in Witzenhusen.

(adh. sig. civium de Wiccenhusen majus — 3 Thürme — s. Urk. Nr. 83 u. 84.)

83.

1328 feria 6. post octavam Epiphanie. *Landgraf Heinrich approprizirt dem Kloster Germerode Güter zu Wankenrode, Grebendorf und Welferlingsborn.*

Nos Heinricus dei gracia Lantgravius terre Hassie profitemur .. quod in remedium animarum parentum nostrorum ac proprie anime salutem necnon propter obsequia per .. Heimeradum propositum in Germerode . Capellanum nostrum et Conventum ibidem .. eidem proposito et sanctimonialibus .. bona quedam sita in Wanichinrade cum suis pertinenciis, per eundem propositum et conventum apud Hermannum de Eltwinshusen de nostro consensu empta a jure nostro advocacie volgariter dicto voitrecht .. liberavimus. Transferentes .. preterea duos Mansos unum in villa Grebindorf .. per Ulricum de Owe et alium in villa Welferlingisburne **) situm per Henricum de Bomenburg predicto Conventui nomine testamenti in extremis legatos . quos a nobis possidebant jure feodali .. liberavimus.

(Angehängt ist das landgräfliche grosse Reitersiegel.)

---

*) Wüstung bei Alberode und Mönchhof. cf. Landau, Wüstungen S. 307. — **) Wüstung zwischen Hoheneiche und Wichmannshausen.

84.

1 3 2 9 16. Kal. Augusti. *Der Propst zu Petersberg approprizirt dem Kloster Germerode das Gut zu Wankenrode.*

In nomine domini amen. Nos Henricus propositus totusque collegium Montis sancti Petri prope Hersfeldam ordinis sancti Benedicti Erbipolensis dyocesis recognoscimus . . quod Hermannus dictus de Eltwinhusen et filius suus Henricus et filii fratris sui Henrici etc. *) . . bona sua in Wankenrode que a nobis jure hereditario possiderunt solventia nostre Ecclesie singulis annis 4 solidus Escheneweg. denariorum . . Preposito et Conventui in Germerode se vendidisse recognoverunt. . . . . Nos bona dicta . . in dictum Monasterium transferimus . . pensione tamen annuali nobis reservata. Testes: dom. Fredericus propositus in Merica **) . Hermannus plebanus in Hersfeldia . Henricus de Vrilingen . Lodewicus raphine socii sui sacerdotes et alii.

(adh. sig. conventus et prepositi. Letzteres: St. Peter über dem boyneburgischen Wappen.)

85.

1 3 2 9 16. Kal. Augusti. *Das Kloster Germerode vergiebt eine Pfründe zu Welsbach.*

Nos Heimbrodus prepositus et Jutta priorissa totusque Conventus in Germerode recognoscimus . . quod jure propter deum et ad preces domini Her. plebani in Tenstete dicti de Netere dedimus viro Henrico filio Seguwini de Frankensten 3 maldra Erford. mensure triplicis annone videlicet tritici, siliginis et ordei cum 10 solidis denariorum Erfordens. monete in nostro allodio Welspeche singulis annis quamdiu vixerit.

86.

1 3 3 2 in die dom. vocem Jucunditatis. *Gerhard von Wassenhausen***) *verkauft dem Kloster Germerode seine Güter in Alberode, Vierhaus †) und Varsrode ††).*

Nos Gerhardus de Wassenhusen Ermengurdis uxor

---

*) Siehe Urkunde Nr. 82. — **) Heida bei Morschen. — ***) Wüstung zwischen Niddawitzhausen und Reichensachsen. — †) Wüstung bei Alberode. — ††) Wüstung zwischen Alberode und Wipperode, auch Forstrode genannt.

mea .. et Johannes meus filius .. recognoscimus .. quod nos .. coram honorabilibus viris Castrensibus in Tunges-brucken et in Gotta abrenuntiasse de omnibus bonis nostris de duabus villis nostris videlicet Albelderade et Verhuos dictis .. una cum quodam nemore dicto Waresrod per nos venditis domino preposito et Conventui sanctimonialium Ecclesie in Germarrode... Cum sigillis Teoderici de Sebel-leyben militis in Gotta et Hermanni de Grussen militis in Tungesbrucken Castrensium . Testes: Fr. de Sebelleyben, Herm. de Grussen, Fredericus de Hezstete, Th. de indagine, th. de nazza, Eckardus de hochheym, Johannes de lenge-velt et Friedericus de Ubeche et alii.

    (adh. sigilla).

87.

1332 sobbato prox. post Pancratii. *Landgraf Hein-rich von Hessen bezeugt vorstehenden Kauf.*

    (Angehängt ist das landgräfliche grosse Reitersiegel.)

88.

1333 sexto idus junii. *Der Rath zu Eschwege bezeugt auch, dass Gerhard von Wassenhusen villam suam in ulbolderode, villam desertam dictam virhus et silvam varesrod dem Kloster Germerode für 21 Mark reinen Silbers verkauft habe.*

    (adh. sig. civit. majus.)

89.

1333 6. feria ante diem beati Jacobi. *Heinrich Tepcher stiftet ein Seelgeräthe ans Kloster Germerode.*

Nos Albertus Engelberti in Eschenewege, Bertoldus Waltheri in Rusteberg, Ecclesiarum plebani nec non Her-mannus Dythonis miles ac Reynhardus de Bomeneburg armiger Recognoscimus .. Heynricum dictum Tepcher coram nobis constitutum . ipsum suo et Gerdrudis uxoris ipsius legitime nomine . dominum Meymbradum propositum in Germarode nomine Conventus ibidem ac ipsum Conventum veras heredes super 10 maldros siliginis apud dominum albertum de Ouwa militem et suas veras heredes . pro 10 marcis puri argenti emptis . annue pensionis .. de

uno mansu suo sito in campis ville ouwa consensu eciam
venerabilis domine Abbatisse montis sancti Cyriaci in Esschenewege, tanquam domine hereditarie ipsius mansi .
benevole accedente . . ipso domino proposito . . elegisse
et deputasse . . pro remedio animarum.

(adh. sig. Alberti Engelberti.)

90.

1334 6. Kal. May. *Das Kloster Germerode kauft
Land zu Elberode.*

Nos Conradus, Hermannus et Henricus fratres de Bar-
koben *) . . vendidimus . . preposito et conventui Sanctimonialium Cenobii in germarode 20 agros in campis curie
Eberolderode . . pro 7 talentis hallensium. . . Sigillo domini Rudolfi plebani in Hildegerode. nostri cognati.

(adh. sig. Rudolfi Mila pl. in Hildegerode.)

91.

1334 dominica Invocavit. *Hartrad von Reichenbach
verkauft dem Kloster Germerode Gefälle zu Oberrodebach.*

Hartradus dictus de Rychenbach armiger recognosco
de voluntate Hartradi filii mei . . quod vendidi religiosis
dominabus Hedewigi sorori mee et Katherine nepti mee
dictis de richenbach monialibus in Germerodde quatuor
maldros, 2 videlicet maldros siliginis et 2 avene pro 2
marcis puri argenti annue pensionis de bonis meis que
colit Cunradus dictus buch de superiori rodebach **) sitis
in campis ville dicte armissassen ***) (Fällt nach dem
Tode der beiden Nonnen dem Kloster zu). Testes: Heymeradus propos. in Germerodde, Soffia de Bomeneborch
soror propositi, alheydis de Spangenberg et agnes dicta
de Bomeneborch, moniales.

(adh. sig. Hartradi.)

92.

1334 feria 6. ante dom. letare. *Gyssla relicta Alberti
de Welspeche und ihre Söhne verkaufen dem Kloster
Germerode ½ Manse in Welsbach, die vom Kloster
Germerode zu Lehn geht, für 10 Talente denar. Mulhus.*

---

*) Burghofen. — **) Das heutige Rodebach bei Germerode. —
***) Harmutbsachsen.

— — Presentibus domino Brunone presbytero cap-
pellano in Welspiche stacio notario domini Lantgravii terre
Hassie, fratre Cunrado Vruso, Ilenrico Molendinario, Eckehardo ante curiam, Ileinrico dicto Hopphensach.

(adh. sig. Heinrici de Guttern famuli.)

93.

1335 in die beati Remigii. *Landgraf Friedrich von
Thüringen approprizirt dem Kloster Germerode 2 Talente
zu Hoheneiche.*

Nos Fridericus dei gracia Thuringie Lantgravius Mys-
nens. et Orient. Marchio, dominus terre Plysnensis, Recognoscimus quod ob divini cultus ampliacionem, sinceris
germane nostre Karissime Elizabeth Hassie Lantgravie
supplicacionibus inclinati, Monasterio beate Marie virginis
gloriose in Germerode, duo Talenta denariorum annue pensionis Eschenewegensis monete, que olim Reynhardus de
Boumelburg, filius quidam Bottonis de Boumelborg in villa
Honecke a nobis feoudi possederat titulo, favorabiliter
appropriavimus.

(Angehängt ist das grosse landgräfliche Reitersiegel.)

94.

1335 in die kathedre beati Petri. *Seelgeräthe
Reinhards von Boyneburg.*

In nomine domini amen. — Ego Reinhardus de Bomeneburg famulus volens .. ad monasterium in Germarode
.. confugere ibique domino .. famulari ac anime mee de
salubri remedio providere de consensu .. domini Bertoldi
plebani in Suebede, nec non Heynrici et Waltheri fratrum
et aliorum heredum meorum me et bona mea infra scripta
videlicet in Hocneychen sextum dimidium maldrum siliginis,
sextum dimidium maldrum avene, octo solidos denariorum
Eschenewegensium, sexagenam ovorum, antam, duos pullos
michah. et unum pullum in carnis p. que solvit Theod.
dictus Stressing ibidem, et cetera . . . ., item in Hochusen *)
tria quartalia tritici de bonis domini Johannis de Gerstungen,
item in Graneborn 18 solidos denar. Eschenweg., quos
solvit Bertoldus de Wangeheym ibidem .., item in Wych-

---

*) Wüstung bei Grandenborn

manshusen 2 solidos . ., item in Suntra 3 sol. . ., 3½ sol. den. Eschw. quos solvit Hermannus Flemyng de bonis in Honde, item 3½ fertonem argenti puri solvendos singulis annis per Consules in Wiczenhusen in festo Christi . . dominabus et monasterio in Germarode ob salutem anime mee, do, transfero et assigno, ita tamen quod pensionem denariorum predictam ad ipsam vite mee tollam, post mortem vero meam medietatem pensionis sororibus meis duabus et filie Hartradi de Hunoldeshusen avunculi mei sanctimonialibus in germarode — et post earum mortem medietas proposito, et medietas dominabus solvatur, . . et apud ipsum monasterium quamdiu vixero habebo vestitum et victum. Sigillo Heymbradi propositi in Germarode, et Reynhardi predicti nec non dominorum Bertoldi de Hunoldeshusen plebani in Rusteberg, Hermanni Dythonis et Alberti de Ouwa militum. Testes: Johannes de Lychberge et Lodewicus Dythonis.

(adh, 5 sigilla.) S. Urk. Nr. 110 und 171.

95.

1336 4. nonas decembris. *Die Keudel verkaufen dem Kloster Germerode Güter zu Orpherode und Niederhone.*

Nos Bertoldus Koydil dictus Joese . Mecza *) contoralis mea legitima . Koydil . symon . hunoldus . katherina et soffia filii nostri legitimi . . profitemur . quod . . Heymerado . proposito . Hedewigi . priorisse totique conventui Cenobii in Germerodde . quinque mansus cum dimidio in campis ville arnolverodde sitis, cum dimidio manso in campis ville honde et tribus areis in dicta villa honde sitis vendidimus pro 58 marcis puri arg. ponderis et puritatis eschwegensis . Mechtildisque sibi dicta bona nomine dotis esse assignata affirmabat . . resignavit . Adhaerent sigilla nobilium virorum Henrici de Honsteyn militis et Hermanni de Bomenchorch armigeris . Testes: Bertoldus plebanus in swebede, Ludewicus de cassle sacerdotes, Heymeradus plebanus in olphena, Hermannus filius Cunradi de Bomeneborch, Cunradus de Wildecke et alii.

(Angehängt sind die beiden herzförmigen boyneburgischen Siegel, das erste mit der Umschrift: sig. Henrici de Bomeneburg dicti de Honstein.)

*) i. e. Mechtild, s. unten.

96.

1336 in die beati viti. *Landgraf Heinrich appro-prizirt auf Bitten des Klosters Germerode demselben vorstehende Güter zu Arnolferode und in inferiori villa Honde, die Bertoldus dictus Kendil yose von ihm zu Lehn gehabt.*

(adh. sig. magnum equestre.)

97.

1337 an aller heligen abende. *Das Kendelsche Gut zu Orpherode betreffend.*

Ich koedil von Breitowe spreche daz by mins hern huldin vnd vf min truwe vnd min ere . . Sogetan gut als ich hatte zcu Arnolverode, daz ich verkauft han deme closter zcu Germerode daz ich daz gehat han funfzcig jar vnd me vor eyn vri gut vnd daz mine vater vor eyn vri gut maing Jar gehat hat. Besiegelt von Aple von Rume-rode Ritter. Zcugen: dy erbern lute Her Hemerat von Bomilborg eyn pherrer zcu olphena, herman sin bruder, Diterich fon Heldirsteyn, albracht von Heginrode vnd andirs fil biderber lute.

(Rumerodes Siegel hängt an.)

98.

1337 Donnerstag vor Ostern. *Heinrich von Salza approprizirt dem Kloster Germerode 2 Hufen zu Nieder-welsbach.*

Wir Henrich ein Herre zu Salza bekennen, dass wie . . dem gotishuse zu Germarrode 2 huve zu nidernwels-beche durch got vnd bete Reynoldis von Webirstet, der dieselben von uns zu lene hat gehat, wenn er anderre huve zw von vns empfangen hat zu lene die gelegen sint zu Webirstet, übergeben. Gezuge Her Rudolf von Lenge-velt der pherrer, Her Brun der pherrer zu Welsbeche, Her Ditherich von gruzin der Ritter, Giselh. von sunt-husen vnd Henrich von Lengevelt.

(Salza's Siegel hängt an.)

99.

1337 frytag in der Cristwochen. *Reinold von*

Weberstet übergiebt dem Kloster Germerode vorgenannte 2 Hufen.

Wir Henr. von Nezelreden Ritter vnde Gocze von Mollisdorf Voythe czu Thungesbrucken des . . Marckgr. von Myssen bekennen . . daz Reynolt von Weberstete der lange . . hat geeygent czuwo Hufe Landis czu welsbeche vor dem lantdinge vnde vor dem stule czu Thungesbrucken . . dem kloster czu Germarrode . Geczuck: Her Thiczmann von Weberstete, Her Dyther von Gruzzen, Her Henrich von Weberstete Rittere, Her Heynrich by der Kerichen, Jan von Lengefeylt, Eckhart fuz vnde Thiczen Gans.

(Das Siegel der beiden Vögte hängt an.)

100.

1338 an sente Mychhelestage. *„Otte geheyzzen von Nettere knappe" (v)erkauft mit Willen seiner Frau Petersen an „Elzebed von Netter" seine Schwester und Gerdrud seine Tochter, Klosterfrauen zu Germerode, 8 Schillinge Eschw. Pfennige Gülte, zu Eschwege fällig.*

(Otto's Siegel hängt an — das boyneburgische Wappen mit 2 Schlangen.)

101.

1338 sabbato proximo ante Oculi. *Ludwig von Baumbach empfängt vom Kloster Germerode Grimolde- rode*) zu Erbe.*

Ego Ludewicus de Boymbach miles . . recognosco . . quod desertum Grymolderode dictum a . . viro domino proposito in Germerode nec non ab ipsis monialibus ibidem jure hereditario teneo . . perpetuis temporibus possidendum . . omnibus juribus usufructibus honoribus, pratis, pascuis, nemoribus . . ita tam . quod claustro in germerode 10 solidos hallensium annue pensionis . . porrigere debeo.

(adh. sig. L. de B.)

102.

1340 feria 2. ante Marci Evangeliste. *Das Kloster Germerode verkauft Güter zu Germerode und Elkenhain an die Bauern zu Germerode auf Erbleihe.*

---

*) jetzt Glimmerode, Wüstung im Giesenhain bei Blankenbach. S. Landau, Wüstungen S. 328.

Datum per copiam sub sigillo honorabilis viri plebani in Bomeneborgk. In nomine Domini amen. .. Nos Heymbradus prepositus Hedewigis priorissa totusque conventus sanctimonialium monasterii in germarode .. recognoscimus .. quod .. nos 34 mansos in campis .. ville Germerode sitos et 12 mansos sitos in Elkenhagin quemlibet mansum pro 24 solidos hallensium rite et racionabiliter vendidisse villanis in germerode et post eos suis veris heredibus perpetuis temporibus possidendos Preterea recognoscimus quod predicta bona ipsis prefatis villanis . hereditamus per presentes Ita tamen quod de unoquoque manso dimidiam sexagenam ovorum in festo pasche unum pullum in carnis brevio et 3 maldra equipartem siliginis et avene singulis annis in festo sanct Michaelis nobis debeant dare et ministrare de domibus vero arcis et pratis ipsorum redditus et pensionem consuetam et ab antiquo ministratam nobis similiter dare debent eo tempore quo ipsos antiquitus dare consueverant proviso tamen quod si aliquis de predictis villanis bona sua venderet .. Extunc emens seu intrans bona dicta dabit nobis 2 solidos denariorum Esschenewegensium vendens vero seu exiens dabit 3 solid. denar. Esschenewegbe usualium seu legalium. .. In cujus facti evidens testimonium prefatis villanis dedimus presens scriptum nostri conventus sigillo firmiter roboratum.

(adh. sig. Heimeradi plebani.)

103.

1340 in die Prisce virginis beate. *Ludwig von Arnoldshain verkauft dem Kloster Germerode 1 Mark Gülte zu Siegershausen.*

Noverint universi .. quod ego Ludewicus de Arnoldeshagin cum voluntate heredum meorum videlicet Ludewici, Johannis, Ymine, Jutte, Elizabet et Ysentrudis pensionem unius marce argenti ex omnibus bonis meis .. in seghehardishusen .. que bona ab Ecclesia .. in germerode hereditario seu emphitiotico jure possideo pro 11 marcis argenti vendidi Ecclesie et Conventui in Germerode . Et prefatum conventum per fimbrias meorum vestimentorum in possessionem pensionis duxi. Testes sunt strenui milites Echardus et Wernherus fratres dicti de Welsperg, Appello de Wickissa famulus, dominus Henricus de Wern, viceplebanus in Lychtenowe, Conradus Haghemeister, Henricus

ghyse et Heinicke Haghemeister et plures. . . . Nos Hartmannus de Schirkede commendator teutonicorum domus
in Ryghenbac, Wernherus de Welsperg, henricus ghyse,
proconsules, Conradus haghemeister, Hennicke haghemeister
ceterique consules in Lychtenowe nostra sigilla et sigillum
nostre civitatis in Lychtenowe appendimus.

(adh. 3 sigilla; das vou Lichtenau — über dem hessischen
Löwen steigen 2 Gebäude mit Thürmen auf — mit der Legende:
S. civium et universitatis in Lichtenouwe. cf. Urk. Nr. 37.)

104.

1341 feria 4. post festum Johannis. *Derselbe verkauft demselben weitere Gefälle daselbst.*

Ludewicus de Arnoldeshagin cum consensu heredum
. . pensionem 2 quartalium siliginis, $2^1/_2$ quartalium avene,
Modium seu sephelmum *) tritici hassiensis seu casslensis
mensure, 6 libras sepi cum sex pullis ex omnibus bonis
in seghehardishusen, que bona ab Ecclesia in Germerode
hereditario jure i. e. zu Erfereytte possideo, pro 7 marcis
puri argenti vendidi Ecclesie in Germerode. Testes Henricus beyger, Henricus de reyterode, Henricus Weyze
famuli, Reinhardus de Boyneburg prebendarius in Germerode et dominus Henricus de crakowe sacerdos.

(Die Urkunde ist besiegelt wie Nr. 103.)

105.

1341 die dominica prox. post assumptionem Marie.
*Landgraf Heinrich von Hessen approprizirt $^1/_2$ Manse
in Elberode, die Apelo von Honde von ihm zu Lehn
gehabt, dem Kloster Germerode.*

(adh. sig. minus.)

106.

1341 feria 6. post domin. qua cantatur circum-
dederunt me. *Die von Sontra verkaufen dem Kloster
Germerode $1^1/_2$ Mansen zu Oberhone.*

Ego Heynricus de Hoenstein miles . Recognosco . .
quod Hartmudus de Suntra civis in Esschenewege de . .
consensu Gerdrudis uxoris sue legitime nec non dominorum

---

*) Scheffel.

Heynrici et Arnoldi sacerdotum filiorum, Hermanni Nortman, Heymbrici de Spangenberg, generorum suorum ac
aliorum . . heredum . . vendidit domino Heymbrado proposito et Conventui dominarum Monasterii in Germerade .
mansum et dimidium . cum domo et curia ac loco horrei
in villa et terminis villi Obernhonde sitos . . perpetuis temporibus possidendis . mihique tanquam domino hereditarie,
dictorum bonorum et meis heredibus singulis annis duos
solidos denariorum Esschenewegensium nomine census de
predictis bonis persolvendos . . meo consensu . . pro 37
marcis communis warandie Esschenewegensis. Testes sunt
honorabiles et strenui viri dom. Bertoldus de Hunoldeshusen . Bertoldus plebanus in Suebede ejus avunculus .
Albertus de Ouwa miles . Reinhardus de Bomeneburg .
Lodewicus Dyete . Hermannus nortman . Heymbricus de
Spangenberg generi predicti Hartmudi et alii.

(adh. sig. H. de Hocnstein — berzförmiges boyneburgisches
Wappenschild.)

107.

1341 in die beati Viti martyris. *Johannes de
Sunthra, Canonicus Ecclesie Magdeburgensis et Plebanus
in Wittin, genehmigt vorstehenden Verkauf seines Vaters.*

(adh. sig. J. de S. — ein Geistlicher mit dem sontraischen-
boyneburgischen Wappen.)

108.

1343 an dem thage vnses herrn hymelfart. *Landgraf Heinrich von Hessen giebt seinen lehnsherrlichen
Consens, dass Hedwig Gotze den Klosterfrauen Ilsebet,
Reyngart und Gele von Neter und Reyngart von Muterode zu Germerode 3 Pfund Heller aus ihren Mühlen
zu Vockerode verpfändet; auch will sie denselben 1
Schwein mästen.*

(Angehängt ist das landgräfliche Reitersiegel.)

109.

1343 in crastino convers. s. Pauli apostoli. *Landgraf Heinrich approprizirt dem Kloster Germerode die
Hundelshausische Mühle zu Oberndorf*).*

*) Wüstung bei Frankershausen; die Mühle besteht noch.

4 *

Nos Heinricus dei 'gr. Lantgravius terre Hassie ..
recognoscimus .. quod .. quoddam Molendinum in villa
Oberndorf situm cujus proprietas et dominium ad nos pertinere dinoscuntur, dicto Cenobio (gyrmerode) ab Hartrado
de Hunoldishusin noviter defuncto bone memorie in sue
anime remedium .. nomine testamenti legatum .. appro-
priandum duximus.

(Angehängt das grosse Reitersiegel.)

110.

1343 in octava sancte trinitatis. *Abt Johannes von
Hersfeld approprizirt dem Kloster Germerode die Schenkung Reinhard's von Boyneburg zu Hochhausen.*

Nos Johannes dei gracia Hersfeldensis ecclesie Abbas
recognoscimus .. quod 3 quartalia tritici annue pensionis
de uno manso in campis ville Hohhus. sito, qui mansus
quondam fuerat domini Johannis de Gerstungen dicti, quam
pensionem Reynhardus de Boyneburg famulus Ecclesie in
Germerode .. legavit cum ceteris suis bonis mobilibus et
immobilibus . quapropter ad laudem dei nec non ejus sanctissime genitricis et ob supplices preces honorabilis viri
Heymbradi ejusdem ecclesie propositi amici nostri per-
sinceri, prescriptam pensionem conventui ecclesie in Germerode appropriamus et incorporamus.

(adh. sig. abbatis — der Abt mit dem Familienwappen. s.
Urk. Nr. 94.)

111.

1344 sunabend nach vnser vrowe thage alse su
geboren war. *Thiczel und Hermann Brüder von Gruzzen,
Burgmänner zu Thomasbrück, verkaufen dem Kloster
Germerode eine eigene Hufe Land zu Welsbach für 10
Mark Silbers.*

Zeugen: Jan von Lengefeylt, Vogt in Thomasbrück,
Her Brun der pherer czu Welsbeche, Friedrich von Hopfgarten, Thiczel von Salcza, Hermann von Heylingen, Wachs-
mut von pfertingesleyben der Richter.

112.

1344 in die Agnetis. *Die von Wildeck verkaufen
dem Kloster Germerode 1 Manse zu Eckhardshausen*).*

---

*) Wüstung bei Breitau, mit der die von Baumbach von den
Grafen von Ziegenhain belehnt waren. s. Landau, Wüstungen S. 327.

.. Ego Heymbradus famulus dictus de Wildeke*) peto revelari . quod vendidi .. cum bona deliberacione omnium meorum heredum nec non fratrum meorum videlicet Hermanni, Conradi .. Henrici . ac Conradi .. domino Heymbrado proposito in Germerode .. unum mansum situm in Eckehardeshusen cum omnibus suis attinenciis et pertinenciis pro 4 marcis puri argenti Esschenewegensis warandie. .. Sigilla appenderunt Hermannus de Boymeneborc senior et Hermannus de Boymeneborc junior sui patrueles, strenui famuli.

(adh. 1 sig.)

113.

1344 sabbato proximo post festum omnium sanctorum. *Das Kloster Germerode kauft 1 Hufe zu Niederhone.*

Bertold genant flemyng, Appel Dymerod, Rades meister, Conrad Cesaries etc. .. Rad der stad czu Eschenewege bekennen, .. dass Ludike Hern kerstanes Son Luthardis, Jutte syn eliche wertin ihre medeborgere verkauft haben dem Kloster Germerode eyne hobestad in deme dorf tzu Neddirnhonde vnd eyne hube landes die da helt 36 acker aldaselbes vor 28 marg Eschenewegischer were.

(adh. sig. civitatis majus.)

114.

1344 16. Kal. Decembris. *Landgraf Heinrich approprizirt dieselbe Hufe dem Kloster Germerode als Lehnsherr.*

(adh. sig. minus.)

115.

1346 2. Kal. Decembris. *Heinrich von Hoenstein verkauft dem Kloster Germerode seine Güter zu Oberrodebach* **).

Noverint universi .. quod nos Heinricus de Honsteyn miles, Heinricus . Albertus . Heymbradus et Hermannus fratres filii militis antedicti et Katherina ejus filia .. vendidimus .. Dom. Conrado proposito et Conventui .. in

---

*) Die von Wildeck sollen dem boyneburgischen Geschlechte angehören. — **) Das heutige Rodebach bei Germerode.

Germerode . Pro viginti marcis cum uno fertone Esschene-
weg. warandie . . universa et singula bona nostra . . in
superiori villa Rodenbach . . Testes Bertoldus de Hunoldeshusen et Bertoldus plebanus in Suebede . presbiteri et
Heinricus de Boumenburg militaris et alii. . . Sigillo Heinrici de Honstein militis . ., alberti propositi in apterode ⹂
et Ludewici Dythe militis.

(Die 2 letzten Siegel hängen an.)

- - -

116.

1346 in vigilia omnium sanctorum. *Der Abt von
Fulda giebt dazu den lehnsherrlichen Consens.*

In nomine domini amen. Nos Heinricus dei gracia
fuldensis Ecclesie abbas recognoscimus . . quod cum strenuus
miles Heinricus de Hoenstein omnia Bona sua in Rodebach
sita, a nobis in pheudum descendentia . . dom. Cunrado
proposito, Hedewigi Priorisse et Conventui in Germerade
. . vendidit, in quorum recompensum idem miles . . omnia
Bona sua in Gangistal *) sita, nobis libere resignavit et
. . a nobis in pheudum suscepit ne nos vel Ecclesia nostra
occasione hujusmodi vendicionis debitis frauderemur ser-
vitiis . . predicta bona in Rodebach ipsis incorporare et
appropriare dignaremur . . ita tumen quod propos. Priorissa et Conventus Camere nostre unam libram Cere singulis annis . . in signum recognicionis dominii et appro-
priacionis solvere teneantur.

(adb. sig. abbatis.)

- - -

117.

1346 an sente Julianentage. *Das Kloster Germerode erwirbt Güter zu Elberode.*

Ich Andreus von apterode . . bekenne . . daz ich
han vorkouft . . dem probiste zu Germerode dem gotshus
vnd sunderlichen den Juncfrouwen von June, vnd Elsebeten
von Ellingehusen vnd Mechtilde von me hagen, eyne halbe
huve vnd die hovestat, die da lyt vor deme hove zu Ebol-
derode . . vmme sehste halbe marg je vir pfunt vor die
marg Echenweger were . . vnd ich herman von dem Berge

---

*) Gangesthal, Wüstung zwischen Grandenborn, Breitau und
Krauthausen, s. Landau, l. c. S. 328.

eyn erbeherre des vorgescriben gutes bekenne, daz dise
Ding sint geschen mit mine guden willen.

(adh. sig. Herm. de Berge.)

118.

1346 an sente Michehelstage. *„Otte junge Lang-
graue zu Hessen" genehmigt, dass Hedwig Gotze dem
Kloster Germerode verkauft „die moln zwo zu focken-
rode" und behält sich seine Gülte und Rechte daran vor.*

(adh. sig. minus Ottonis.)

119.

1347 an sente Mauriciustage. *Derselbe genehmigt,
dass Conrad und Thilo von Völkershausen, Brüder, dem
Kloster Germerode aus ihrem Gute zu Weidenhausen 5
Malter Korn Gülte verkaufen.*

(adh. sig. minus Ottonis.)

120.

1347 17. Kal. Maji. *Das Kloster Germerode kauft
40 Acker zu Niederhone.*

Nos Jutta relicta quondam Ebberhardi Engelberti de *)
Esschenewege bone memorie . albertus plebanus sancti
Godehardi **) . Conradus et Dytmarus ejus filii . Recognoscimus . . quod . . proposito et Conventui . . in Germerode vendidimus 40 agros sitos in campis inferioris ville
Honde . qui olim fuerunt Ottonis de Natza . quos a domino . . Lantgravio in pheodo habuimus . . pro 23 marcis
Esschenewegensis warandie. . . Sigillo . . domini ac patrui
nostri domini alberti Engelberti propositi in apterod.

(adh. sig.)

121.

1347 feria 6. post dom. Quasimodogeniti. *Landgraf
Heinrich approprizirt dieses Gut dem Kloster Germerode.*

(Das Reitersiegel hängt an.)

---

*) d. i. aus; sie gehören dem von Eschwegischen Geschlechte
nicht an. — **) St. Gotthardskirche zu Eschwege.

122.

1347 feria 3. proxima ante diem Andree. *Albert von der Aue schenkt dem Kloster Germerode Gefälle zu Grebendorf.*

Ego Albertus dictus de Owe miles dedi devotis puellis alheydi et petrisse sororibus meis de Owe Claustralibus in Germerade ad tempora vite (hernach dem Kloster) . . pro remedio animarum parentum et mee et uxoris et omnium fidelium defunctorum istos redditus: Bertoldus dictus flemyng Civis in Eschw. dabit annuatim 5 sol. Eschw. denariorum cum 7 denariis de bono . . in campis ville Grebendorf videlicet in me Rythe . . cett. cett.

(adh. sig. Alberti — Eselskopf.)

123.

1347 in vigilia beati Mathei. *Consens des Landgrafen dazu.*

Nos Heinricus Lantgravius terre Hassie . . recognoscimus, quod Cenobio in Gyrmerode Redditus dimidie Marce Eschenew. warandie quas quondam Ulricus de Ouwe bone memorie ac Apelo de Ouwe miles Castrensis noster in Eschenewege ipsius patruus de 2 mansis eorum in villa Grebendorf sitis pendentibus a nobis in pheodo . . perpetuis temporibus possidendos . . dederunt . . appropriamus . . omne jus sive dominium in ipsis Redditibus nobis competens in idem Cenobium transferendo.

(adh sig. majestatis.)

124.

1347 die beati Martini. *Albrecht Engelbrecht, Propst zu Abterode und Pfarrer St. Dionysii zu Eschwege bekennt als Erbherr (wegen seiner Pfarre), dass Conrad und Hermann Spereisen, Brüder, „von den Sassen" von Conrad Stauffenbül von den Sassen erkauft hat 40 Acker Land „czu den sassin", wovon an die Dionysienpfarre jährlich 1 Schilling und an 4 Klosterfrauen zu Germerode aus der Spereisenschen Familie und nach deren Tode ans Kloster 8 Malter Frucht fallen.*

(adh. sig. propositi Alberti et conventus Germerodensis.)

125.

1348 Suntag vor palmen. *Conrad von Heylingen will jährlich auf Mariä Lichtweihe ¹/₄ Pfund Wachs auf „sente Clausis altar in dem hove czu Niederwelspeche geben."*

(Besiegelt von Herr Brun, Pfarrer zu Welsbach.)

126.

1348 an sente Ulriches Abende. *Das Kloster Germerode vertauscht Gefälle mit Hermann von Treffurt.*

Wir Cunrad probiste, Hediwic priorin vnd di Gemeyne Samenunge des Gotshus zu Germerode bekennen, daz wir han vorwesselt . . ses schillinge geldis hessischer pfennige an den wustenunge czu Hepfenrode *) dri schillinge hessisch von Appinrode **), . . achte schillinge czu Bischoverade hess. pfenninge, vnd vier schillinge hess. czu Barchovin ***), dem gestrengen Ritter Hern Hermann von Drevorte, hern czu Spanginberg . . vor eyn vnd zwenczic schillinge hess. pfennige, die man alle jar sal geben in dem Dorf czu Ludenbach, dem vorgeschriben Gotshus, vnd von dem Ludenbach daz da lit vor wissener, . . 21 schillinge hellir adir 14 schillinge hess. pfenninge von der Mullen in dem vorgenannten Dorfe, vnd 7 schillinge hess. pf. adir 10¹/₂ schillinge heller di da gibit Bertold Heroldes von dem Hymelrade daselbst zu Ludenbach.

(adh. sigilla propositi et conventus.)

Eine gleichlautende Urkunde stellt an demselben Tage Hermann von Treffurt aus.

(adh. sig. Hermanni de Drevordia.)

127.

1349 an der czen tusint Ritter tage der erbern heyligen martere. *Die von Neter verkaufen dem Kloster Germerode 10 Schillinge Gülte.*

Conrad von Neter, Bye seine eheliche Wirthin, Hermann und Ebirwein ihre Söhne, Elscbele, Cine, Hese und Reyngart ihre Töchter verkaufen 10 Schillinge Heller Eschw. Währ. ewiger Gülte von 5 Ar. im „Sigilbach" †)

---

*) Wüstung im alten Amte Spangenberg. — **) Desgleichen. — ***) Burghofen. — †) Wüstung bei Waldkappel.

und 5 Ar. am „Scihphornsrode", die ihr freies Eigen
waren, den geistlichen Jungfrauen Bertrade von Sulingen
und Sophie von Sulingen und dann dem Kloster Germerode für 5 Pfund Heller guter Währung. Zeugen: die
gestrengen Knechte Tyle von Neter und Heydenrich von
Neter und Heinrich Muller. Besiegelt von dem gestrengen
Knechte Hermann von „fahche", Conrads Vetter.

(adb. sig. Herm de Vach: das boyneburgische Wappen mit
der Umschrift: S. Hermanni de Nettbere.)

128.

1349 Donnerstag vor s. Mathiastag. Cassel. *Landgraf Heinrich von Hessen behauptet die Schirmvoglei
über das Kloster Germerode.*

Wyr Heynrich . . lantgrave zcu Hessen sprechen daz
daz Closter zcu Germerode vnde alles daz darzchu gehort,
vnser yst zu vordedyngende vnde czu beschermende in
werntlychen Sache, vmbe daz wyr das gerychte vnde dy
voydinge vber dazselbe Closter haben vnd also nu Johans
von Hanensteyn beden wyl den hoyf zcu Welsbeche, der
da hort myt alleme Reychte zcu dem vorgenanten vnsern
closter vnd auch daczu von alder hayt gehort, dar vmbe
daz der hoyf gelegen ist in gebyde des marcgrawen vnsers
suagers, deme her dar vmbe dynen muz . des seczen
wyr nu an uch Appel von der Owe Rytter vnd arnolden
von Berlebsen, als an Ratlude gekorn an desir sache, ob
wyr denselben Hoyf zcu Welsbeche icht bylcher vorde-
dingen oder Hans von Hanensteyn . . durch des marcgrawen wyllen, dem her dynen muz mit fure, Sint dem
male daz hede kein reycht ist vnd der vorgenante Hans
vnser gesuorn Borcman vnd man ist.

(sig. in dorso.)

129.

1350 feria 2 post dom. Jubilate. *Hermann und
Heimbrod von Boyneburg verpfänden dem Kloster Germerode 1 Mark Gülte von ihren Gütern zu „Lerchen-
hasspach"*) für 10 Mark.*

Zeugen: Hermann „der nu der jungeste ist von Boyneburg" und Conrad von Virbach.

*) Wüstung zwischen Bischhausen und Kirchhosbach.

130.

1351 Suntag nach Michahel. *Heimbrad v. Boyneburg schenkt dem Kloster Germerode Gefälle zu Königswald.*

Ich Heymbrat von Boyneborg .. bekenne .. daz ich habe gegeben in daz Colster zcu Germerode met Sophyen miner tochter eyne hovereyte zcu Konigeswalde vnd zcwey len daselbez in der Dorfmarke dy von alder haben gehort vf den berg zcu Boyneborg. dy .. Hovereyte . gibet .. 9 Schillinge heller vnd 3 Hunre vnd het eyn halb len, daz cheynwessel 14 Schillinge heller, 3 scheffel roken, 1 gans, 1 fasnachthun, daz ander len giebt ebensoviel .. besegelt mit Ludwiges von Boyneborg Ingesigel vnd met Hermannes des Alden miner felteren.

(adh. 2 sigilla.)

131.

1351 an sente Lamprechtis tage. *Hermann von Treffurt, Herr zu Bilstein, bezeugt, dass Appel Lutiger den geistlichen Frauen Luckarte von Treffurt und Jutte Scherf seinen Nifteln und dann dem Kloster Germerode verkauft habe ein Pfund Heller jährlicher Gülte aus dessen Gute, das er hat in seinem „gebite zcu dem Zcigenbache." *)*

(adh. sig. H. de Treffurt.)

132.

1352 am tage des heyligen crucis alze ez fundin wart. *Graf Johann von Henneberg eignet auf Bitten „des erwürdigen Heinriches ensirs Oheymis Langraue czu Hessen" 2 Hufen zu Niederwelsbach dem Kloster Germerode, welches dieselben von Reynold von Webirstete gekauft hat.*

(adh. sig. comitis minus.)

133.

1352 an sente Thomas abende. *Die von Boyneburg stiften Seelgeräthe zu Germerode mit Gütern zu Alberode und Rechtebach.*

Wy Cunrad prabest Hedewig von Richenbach prioren

*) Wüstung bei Wolfterode.

vnd dy Samenunge des Closters zcu Germerode bekennen
. . daz Heymbrat von Boyneborg vor sich vnd sines vaters
vater sele cett. . . hat ane geleyt dem genanten Goteshuse
zcen Marg an zwo huve vnd an dri hovestete zcu Albol-
derade . daz man von deme gute alle jar bege sines Vaters
jargezcit sin vnd alle siner eldern . des genanten gutes
sal sy eyn vormunde katherine von Boyneborg sin suster
vnd sal er dine dy wile sy lebet . . dan sal eyn vierteyl
valle in dy gemeyne samenunge . dy andern dri teyl sal
habe zu erme liebe Agnese von Boyneborg vnd Elzebeth
von Wildeke er suster vnd Jutte von Boyneborg . wanne
der persone eyne abe get sal er teyl gevalle in dy Samenunge. . . Auch bekennen wy daz Her Henrich von Boyneborg Heymbrades vnd Juncfrowen katherinen vater hat
gegeben vor sine sele drittehalben schilling vnd zcwenzcig
heller zcu Rechtebach vnd drithalb maldir havern vnd vir hunre
vnd zcwey fastnachthunre . . (mit derselben Bestimmung.)

(adh. sig. propos. et conv.)

134.

1352 prox. feria post Philippi et Jacobi. *Schenkung
der von Cappel ans Kloster Germerode.*

Ich Johannes, Wernher vnd Wilhelm bruder genant
von Cappele bekennen . . daz vnse Vater Ekehart genant
von Cappele dem got gnade gap . . dem Goteshuse vnd
Juncfrowen zcu Germerad 1 scheffel roken vnd 1 scheffel
haveren an deme guten Cunrades Buches zcu dem Rodebache vnd 1 scheffel roken vnd 1 scheffel haveren an
dem gute Jutten buchen daselbes . . zcu ewigem selgerete. . . Ouch bekennen wy . . dass vnse bruder
Ekehart hat gegeben . . dem Goteshuse . . 1 malder
kornes vnd 1 malder haveren an dem gute des Cunrad
glime zcu deme Rodebache, . . die sal vfhebe vnse suster .
Jutte von Besse dazselbes eyn kloster Juncfrowe zcu
erme libe nach erme tode daz Gotishus. . . Ouch bekennen
wy . . daz he hat gegeben . . dem Goteshuse 1 pfunt
wasses zcu der kerczen die man bornet vor vnses herren
licham an deme Gute cegenberges daz da ist gelegen zcu
Haselbach. Gezcugen Her Heynrich Beyer Ritter Her
Heynrich von Reterade knecht vnd andere.

(adh. sig. Joh. et Wilh. de Cappel et H. Beyer.)

135.

1353 Suntag nach Ostern. *Johannes und Conrad, Otto und Tyle Brüder, genannt von Folkereshusen verkaufen dem Kloster Germerode 5 Hufen Landes „by deme Monchehove zcu Eberolderode" für 40 Mark Eschw. Währ.* (4 Pfund Heller für die Mark.)

(adh. 4 sigilla der von Völkershausen. Ist mit Tornosen, mit Silber und guten alten Hellern bezahlt.)

136.

1354 fritag vor st. Margaretentag. *Sophie von Boyneburg und ihre Nichten kaufen 9 Malter Frucht Gülte zu „Hesenowe"* *) *für 9 Mark und geben sie zu einem Seelgeräthe in's Kloster Germerode für ihre Aeltern, von denen es herkommt, und für sich.*

(adh. das Germeröder Conventssiegel.)

137.

1354 crastino die post festum sancti Urbani. *Die von Baumbach verkaufen dem Kloster Germerode Güter zu Hessenau.*

Ich Ludwig von Boymbach ritter, Meyster Hermann, Helmbrich, Tyle, Ludwig, Henrich vnd Johannes Gebrudere mine sone . . bekennen, daz wy haben vorkoyft dem Gotishuse . . czu Germerode . . alles das wy hahen gehot czu Hesenouwe in der wustenunge, an gulde an Teczmen, an Hobesteden, an hoben, an huben, an ackern, an holcze an velde . . vmme Nyn marg . . . Geczug: Her Tile czu Wichmanneshusen eyn pferrer . Her Henrich von Crakowe eyn pfrondener zcu Germerad . .

(2 baumbachische Siegel hängen an.)

138.

1354 sabbato prox. post Kiliani et sociorum. *Die von Völkershausen verkaufen dem Kloster Germerode 6 Mansen zu Weidenhausen.*

Nos Heinricus dei gracia Lantgravius terre Hassie . .

---

*) Hessenau, Wüstung zwischen Rittmanshausen und Ifta. s. Landau, l. c. S. 333.

recognoscimus . quod fideles nostri Johannes, Conradus et Otto fratres de fulkirshusin . . vendiderunt . . 6 mansos in campis ville Widinhusin . . pro 60 marcis Eschinwegensis valoris et ponderis . . domino proposito in Germerode et toti Conventui a nobis in pheodo dependentes de nostra voluntate. . . . Reemere possunt.

(adb. sig. majest. landgr.)

139.

` **1355** sabbato ante convers. s. Pauli. *Hermann von Treffurt verpfändet dem Kloster Germerode sein Vorwerk zu Weidenhausen.*

Ich Hermann von Dryfurthe Herr czu Bilstein bekenne . . daz ich vorkauft han daz vorwerg czu Widinhusin mit alme daz darczu gehorit, dem Probste vnd dem Convente czu Germerode vor sessig mark ludigis silbers Eschinweger were, also bescheidelichin, wers daz ich das hus czu bilstein czu losen gebe myme herin dem Lantgrebin vnd ich des vorwerkes nicht loste, so mag iz myn Herre odir sin Erbin vor die sesszig mark losin vnd solden yme dan die abeslan an der losunge des Hus czu Bilstein, ob ez czu eyner losunge queme.

S. Urk. Nr. 223.

140.

1355 sabb. ante dom. Letare. *Hermann von Treffurt, Herr zu Bilstein, verpfändet dem Kloster Germerode aus seiner Gülte zu „Widinhusin" 11 Malter Frucht, 6 Schillinge, ein „Limez erwetze", 2 Schock Eier, 4 Hahne und 1 Huhn für 12 Mark.*

141.

1355 feria 4. ante diem palmarum. *Landgraf Heinrich und sein Sohn Otto geben dazu Consens*

(Wenn Hermannus de Dryfordia miles die Gülte nicht löst, dann können es die Landgrafen thun.)

142.

1355 sabb. prox. ante convers. s. Pauli. *Landgraf Heinrich genehmigt als Lehnsherr, dass Henricus dictus*

Reyger 5 quartalia Frucht de bonis suis in Hasilbach dem Kloster Germerode geschenkt habe.
(adh. sig.) _____

143.

1355 Jacobi. *Seelgeräthe der Spereisen ans Kloster Germerode.*

Ich Elizabet ettiswanne Hermans Sperisens wertin von deme dorffe czu den sassen, Sperisen, Conrad vnd Helmbrech myne sone bekennen, daz wir schuldig sin vnser wasin kunne von den sassen eyner juncfrouwin czu Germerode von eyner halbin hufe czu den sassen dri maldir Rockin vnd czwei maldir habern jerlicher gulte vnd nach erme libe dem gotteshuse zu germerode czu eyne selegerete... Des sint geczuge dy ersamen lute Conrad Sperysen von den sassen, Heydenreich von Nettere, Hans Schroder etc. Besiegelt von Hern Halbrechtes Engelbrechtis eyn prister vnsis swogirs vnd mages.

(adh. sig.) _____

144.

1355 in die Michahelis archangeli. *Graf Johann von Ziegenhain eignet dem Kloster Germerode 1 Hufe zu Bornershausen* *).

Wir Johan Grebe von Cyginhain bekennen .. Solich gut als Cunrad Sperysen burger zu Eschenewege vnsir lieber getruwer von vns gehabt hat zu lehen mit namen eyn hube landes die da gelegen ist zu Burnhusen bie dem dorfe, die her bescheidin hat an daz Closter zu Germerode, daz he daz getan hat mit vnserm guden willen vnd wizzen vnd han wir .. die hube dem Closter .. zugeeygent. Besiegelt mit vnsem grozzen Ingesigele.

(adh. sig. majus comitis)

145.

1356 sunnabend vor Margaretentag. „*Hartmann* **) *eyn Kumerture des duscze hus zu Richenbach, Hannes vnd Conrad Gebruder von Volckershussen vnd Johannes*

_____

*) Wüstung zwischen Reichensachsen, Eschwege und Oberhone. — **) von Schrickede — Comthur des deutschen Hauses zu Reichenbach.

sroter des prabestez schultheyss von Germerode haben getheidingt omme eyn ansprache dy da hatten Gotzen kynder . . omme eyne wesen beneder deme hofe zu Ebroltderod".

(Angehängt ist das Siegel der Commende zu Reichenbach.)

146.

1356 feria 2 post dom. Misericord. domini. *Seelgeräthe der Spereisen.*

Ich Hanne genant von Brunicherode *) bekenne . . daz Conrad genant Sperysen . deme Got gnade Etteswanne myn lybe eliche wirt . . mit vnser beyder willen . . deme Goteshus tzu Germerode haben gegeben . . czu eyme ewigen Selegerete vnser beyder vnd vnser Eldern Selen . . Eyne hube landes Ewicliche tzu besitzen. Dy ist geleyn tzu Bornereshusen . vnd dy wy hatten tzu leene von deme Edeln herren . vnserne herren deme Grebin von Czygenhayn. . . . . Besiegelt von der stad tzu Eschewege.

(adh. sig. civit. majus). s. Urk. Nr. 144.

147.

1356 an allir gotis heyligen tage. *Hermann von Treffurt verkauft dem Kloster Germerode seine Rechte an den 16 Klosterhufen zu Niederhone.*

Wir Hermann von Drevorte . Herre czv Bilsteyn . bekennen . . daz wi . . han vurkouft . . alliz daz rechtigebit vnd gevelle daz wi . adir keyn vnse Erbe adir nachkomelinge czv Bilsteyn he si herre adir ambthtman . . an sesczen hoven landis czv Nidernhande die da sint des Gotshus czv Germerode . vnde an alle dem daz daczu horet an husin an boven an Ackern an wisen an weyde an holcze an felde . dem Ersamen manne dem prabste hern Conrade . der priorin . vnde der gemeynen samenunge des konventis czu Germerode . des su suln gebruche fri lediclich . also daz wir . nach keyn vnser bode . keynirleyge . gebot . recht . nach gewelde . nach an ludin . die daz gut erbeite . nach an dem gude sollen habe wedir an dinste . an bede . an hervard . an landesvolde . nach gerichte czv suchche hi adir da . vnde suln an daz gut

*) Wüstung bei Ulfen.

getruwelich helfen vorteynde . . vmme czwo vnd czwen-
czik marg Eschenwegesch were . . (wiederkäuflich).

(adh. sig. Hermanni de Drivordia.)

148.

1356 ipsa die beati Nycolai. *Landgraf Heinrich
und Otto sein Sohn geben zu vorstehender Pfandschaft
ihre Einwilligung mit dem Bemerken, dass, wenn ihnen
das Haus Bilstein zu einer Lösung käme, so sollten ihnen
die 16 Mark daran abgehn.*

(adh. sig. majus et minus).

149.

1356 3. nonas Marcii *Seelgeräthe der Engelbrecht.*
Wir Heinrich vnd Engelbrecht gebruder prister hern
Engelbrechtes selige Sone bekennen . . daz wir . . czu
eyme Selegerede sculdig sint . . funf schillinge hellere
jerlicher gulde . . der werkmeistern tzu erme ammichte
des Godeshus tzu Germerode von vnser halben phannen
tzu den Soden . dy da heyzset hern Engelbrechtis phanne
. vnde yz geleyn by dem Gotshus vnser frowen phannen
tzu den Soden . . . besiegelt von Hern Heinrich Engelbrechts vornannt pherner zu Eschenwege vnd dessen
Vetter den Probst von aptherode.

(adh. sig. Alberti propositi in Apterod.)

150.

1356 an Johannes des Täufers Tage. *Hermann
von Drevorte Herre zu Bilsteyn verpfändet den geistlichen Jungfrauen Alheyde kule und kunnen von Naczza
und dem Gotteshaus zu Germerode 1 Malter Rocken,
das Peter Golheim zu frankenfortshussen geben soll von
seinem Gute, für 1 Mark Eschw. Währung.*

(adh. sig. Hermanni.)

151.

1356 an sente Bonifaciustage. *Seelgeräthe Heinrichs von Hoenstein.*
Wir Heyrich von Honsteyn ritter . . bekennen . .
daz vnse Vater, auch genant Heynrich von Honsteyn hat

5

. . gegebin dem Gotshus zu Germerode zen malder korn-
gulde . . von eyner hove di da ist gelegin zu der Hoheneyche . . auch 12 schillinge heller gulde mit obeleyge
daz da zu hort di man gibit von hoven daselbis zu der
hoheneyche in dem Dorf, auch 10 Schillinge und eyn
fastnachthun mit 2 michhelshunre di man gibit von eyn
hove auf dem witfelde, 4 Schillinge . . von obirn honde
von dem gute daz da was Hartmodis von Suntra vnd daz
nu ist des Gotshus, 6 schillinge . . von Begetal*) von
eyn hofstat vnd eyn halbe hove vnd ouch eyn fasnachthun mit czweyn Michhelshunre, 5 Schillinge zu dem
Oberin Rothebach . . .

(adh. sig. Heinrici de Bumeneburg dicti de Honstein.)

152.

1356 feria 3. prox. post dom. quasimodogeniti.
*Ritter Heinrich von Honstein bittet den Landgrafen von
Thüringen, dass er zu seiner Schenkung von 1 Manse
cum redditibus 12 sol. hallens. et una ovencione in
metis ville dicte Honeyche, die er mit seiner Tochter
Catharina zum Seelenheil seiner Vorfahren dem Kloster
Germerode gegeben, den lehnsherrlichen Consens ertheile.*

(adh. sig. Heinrici de H.)

153.

1357 feria 6. infra festum pasce. Gota. *Landgraf Friedrich von Thüringen approprizirt dem Kloster
Germerode vorstehende Schenkung.*

(adh. sig. landgravii.)

154.

1356 Montag nach der heyligen drivaldikeit. *Apel
von der Owa Ritter bekennt, dass er mit Herrn Conrad
von Berleybischen dem Got gnade vnd andern vf eyme
tage zo Arverode**) getheidingt habe zwischen dem
Propst von Germerode vnd Apil von Wikardissa und
dass dem Kloster Germerode das Gut daselbst zuge-
sprochen sei, wie es dasselbe von Alters her besessen.*

(adh. sig. A. de Owa.)

---

*) Wüstung zwischen Bischhausen und Waldkappel.
**) Orpherode.

155.

1357 Sonnabend in der heyligen Wihnachte. *Margarethe von Natza, Johann, Fritz, Else, Catharine und Agnese, ihre Kinder, verkaufen ihr freies Eigen zu „Albungen" dem Kloster Germerode für 40 Mark Eschw. Währung.*

(adh. sigg. Joh. et Friedr. de Natza.)

156.

1357 feria 6. ante dom. Judica. *»Albrecht Engelbrechts Probest tzu Hunefelt, Appele von der Owe vnd Jon von Esschewege, Ritter, Heinrich Koydil vnd Eylmar von Esschewege, knechte«, der Rath zu Esschewege und. »Johann von Berleyvessen Scultheyzse« bekennen, dass Conrad von Natza der Alte und Conrad von Natza der Junge vor ihnen in den vorstehenden Verkauf gewilligt haben.*

(adh. sig. civit. Eschw. majus.)

157.

1357 fer. 6. post festum pentecosten. *Die Kirche zu Wolfterode betreffend.*

. . Ego Theodericus plebanus in frankefortshusen cupio fore notum quod de sano consilio et favore domini propositi de Germerode nomine conventus ibidem . Ecclesia in Wolfharterode per ipsos villanos ibidem in hunc modum est dotata videlicet quod iidem villani plebano in frankefortshusen 2 maldra siliginis et 3 avene et unum pullum de quolibet domo singulis annis in festo beati Michahelis persolvant . quapropter idem plebanus unam missam in qualibet septimana die sibi competenciori in prescripta ecclesia . . celebrabit, hac tamen condicione . . si predicta villa per incendium vel rapinam vel quocunque alio modo devastaretur . . extunc in curia si ibi fuerit vel in allodio residentes quibus idem plebanus ecclesiastica sacramenta ministrat vel quicunque eadem bona coluerint unum maldrum siliginis dabunt prout antiquitus juris et moris fuit plebano pronotato.

(adh. sig. Theod. plebani: Apostel Petrus.)

158.

1358 vrytag vor s. Johannes Tage baptiste. *Die von Ubach verzichten auf Güter zu Welsbach.*

Rudolph von Lengefeylt Voyt czu Tungesbrucken bekennt, dass an rechter Dynckstatt czu Tungesbrucken Adelheyt von Ubeche mit Ludewige erme Sone (von Ubeche) wegen ihres Leibgedinges verzichtet hat auf 2 Hufen zu Welsbach und 2 Hufen, die das Kloster Germerode gekauft hat von Reynold von Weberstat dem Langen. Zeugen Her Jan von Lengefeylt, Her Dyterich von Gruzzen rittere, Her Herman von Gruzzen, Her schorbrant pherrer daselbis, Bertoldus der schriber.

(adh. 4 sigg. Das des Ludwig von Ubach ist der quadrirte schwarz-weisse diedische Wappenschild.)

159.

1358 feria 6. post festum beati Michahel. *Landgraf Heinrich von Hessen bekennt: was Herman von Drivorte mit dem Kloster Germerode geret rnd getan hat rmme den Katirbach *), das sei mit seinem Wissen und Willen geschehn.*

(adh. sig. minus.)

160.

1358 feria 2. post dom. Reminiscere. *Das Kloster Germerode kauft Güter in Hitzerode.*

Nos Heinricus dei gracia lantgrav. terre Hassie . . profitemur . . Quod Conradus de Folkerhusen fidelis noster nomine suo et fratrum suorum Religiosis proposito et dominabus Cenobii in Germarode universa bona sua in villa et campis Huczinrode sita pro 42 marcis argenti quatuor libr. hall. antiquorum pro qualibet marca a nobis in pheodo dependencia vendidit de nostra voluntate.

(adh. sig. minus.)

161.

1358 in vigilia sancti Martini. *Herman von Treffurt bewilligt ein Seelgeräthe an die Kirche zu Sibodenberg **).*

*) Katterbaeh, Wüstung zwischen Vockerode und Wolfterode.
**) Wüstung zwischen Germerode und dem Mönchhofe.

Wir herman von Drifurde . here czu Bilstein . bekennen . . daz wir dorich gail vnd sunderlichin vrunt-
schaft . . gebin fry . eine halbe hube Landes an daz kerichen czu Sybodinberge hern Corde dem perner . der
da wonet . dy dar hene gekoffit hat vnd gegebin dorch
got czu eime . . Selegerede Heinrich von Eltwinshusen
Wittinhusen vnd syn elliche wirttinne vnd eynen hob czu
Ebirolderade auch fry doch also selbir daz dit Selgerede
nicht enwurde also gehaldin . daz vns duchte . daz iz
bewant werde wolde wir gebin deme perner czu Sibo-
dinberge oder dem Gotshus vir phunt heller vnd woldin
wedir in vnser recht tredin als vor. —

(adh. s. Hermanni de Driford.)

162.

1358. *Heymbrad und Herman Gebrüder genannt
von Hoynstein bekennen mit Willen ihres Vaters, dass
Thyle Herolt dem Kloster Germerode verpfändet hat 11
Schillinge Heller von dem Gute das er hat -zen Suntra
in dorfe odir in felde« und das von ihnen zu Lehn
geht, für 5½ Pfund Heller.*

(adh. 2 sigg.)

163.

1359 in der heyligen wihfaste so man Singet
Exaltate deo. *Lukarde von Treffurt und Jutte Scherf
schenken dem Kloster Germerode Gefälle.*

Wir Conrad probist, Gude priorin vnd ganeze Convent czu Germerode . bekennen . . daz Lukard von Drivorte vnd Jutte Scherlin . . habin vfgegebin der Samenunge
. . 21 schillinge heller jerlich gulde . . czv Ritandeshusen *)
von Erme vaterlichen erbe, 2 phunt heller gulde . di su
haben gekoust vmme 20 phunt heller czu Nidern Rodebach **)
. . auch 1 phunt geldis das su habin gekoust . . czu dem
czygenbach . . . Von dissir gulde sal man eweclich alle
jar tun daz grozze gebet der vorgeschribin Lucarde .
Jutte . Her Walther von Nezzelridin . alle urre eldern
sele etc. . . . Swelchir frouwen su dissin brif antwortin
. . di di gulde vfhebin . di sullin daz gebet besorgin.

(adh. sig. propos. et conventus.)

*) Rittmannshausen.
**) Wüstung unterhalb Rodebach.

164.

1358 am 3. Donrestage in der vasten. *Hermann von Treffurt verpfändet dem Kloster Germerode Niederrodebach.*

Wir Conrad Probist Gude priorin vnd di gemeyne samenunge des Closters zv Germerod bekennen . . daz wi daz dorf czv dem Nedern Rodebach . daz wi habin gekouft vme den Edeln Hern Herman von Drivorte vme funfe vnd drizzig marg jo vir phunt vor eyne marg czu rehchene gutir heller . vnd ab derselbe wolgeborne Herre von Drivorte odir sine Erbin daz dorf nicht widir kouften, So soldin wi dazselbe Dorf unsim gnedigen Heren vnsim hern von Hessin odir sinen Erbin zcu koufe gebin vmme dazselbe geld.

(adh. sigg. prop. et conv.)

165.

1359 fritag vor Cantate. *Propst und Convent zu Germerode bekennen, dass wenn Hans von Berleybeschen 10 Pfund Heller an Bertrad von Sulingen und Sophie, ihre niftel, gebe, die 2 Malter Korngülte an seinem Gute zu Albolderode abgelöst sein sollten.*

(adh. sig. prop.)

166.

1359 Mitwoch vor vnsir frouwen lichtweihe. *Hartung von Erfa giebt dem Kloster Germerode und dem Hofe Welsbecke »das Stelcze holcz bober Flaticheim*)« und erhält dagegen das Holz an der Huneburg.*

Zeugen: Herr Arnold Judeman, Herr Heinrich von Mila Ritter, Brune von Weberstete, Bertold Hering, Eckehard von Ysenache.

(adh. sig. Hartungi.)

167.

1359 Ysenach, an vnser frowen abend Lichtwy. *Friedrich, Landgraf zu »Duringen, Marcgreve zcu Myssen in dem Osterland vnd zcu Landesperch Graue czu Orlamund vnd Herre des Landes zcu Plyssen« bestätigt vorstehenden Tausch.*

(adh. sig. landgravii.)

*) Flarchheim im Kreise Langensalza.

168.

1359 fritag vor dem Suntage also man singit cir-cumdederunt me gemitus mortis. *Rudolf von Lengefeld,* *»Amechtman czu Tungesbrucken« eignet dem Kloster* *Germerode auf dem »Lantding czu Schonreste« vorste-*
hendes Stelzholz zu.

(adh. sig. Rud.).

169.

1359 mittewoche vor sanct Jakobestag. *Heinrich* *Eselskopf übergiebt dem Kloster Germerode die Tref-*
furt'sche Pfandschaft zu Brausdorf.

Ich Heinrich esillescop . ein Burgman mines herin
von hessin . bekenne . . daz dorf . czu Bruersdorf . daz
mir der von drifurde halte vorsaczit . . vor druczen
marc . . . daz gelt had mir bezalit der prabest . . vnd
sage den von Drifurde . vnd dy Sinen . des dorffes vnd
vorsaczunge ledic vnd los. —

(adh. sig. H. F. — Eselskopf.)

170.

1360 in crastino beati Mathie apostoli. *Landgraf* *Heinrich bekennt vorstehenden Verkauf.*

Nos Henricus dei gracia Lantgrav. terre Hassie protestamur, Quod fidelis noster Heinricus dictus Eselskopf
. . judicium in bruwersdorf, quod sibi per Hermannum de
Dryfurd nostrum secretum . . obligatum extitit Religioso
proposito sanctimonialium totique conventui in Germerode
pro 13 marcis argenti . . prope Werram legalium et da-
tivorum vendidit permissione nostra . . Ita sane quod dictus Herm. de Dryfurd aut sui heredes, vel nos aut nostri
heredes prefatum judicium in Bruwersdorf ab eisdem proposito et conventu pro nominata pecunia redimere poterimus.

171.

1360 in vigilia beate Marie magne. *»Bertold ge-*
nant Hern Bodin[*]) eyn pherrer zu Esschewege sente* *Nycolausis*[**])« und sein Bruder Heinrich bekennen,*

---

*[*] nemlich von Boyneburg. — [**]) Die St. Gotthardskirche zu
Eschwege.

dass sie mit ihrem verstorbenen Bruder Reinhard das
väterliche Erbe getheilt und dieser sich und sein Theil
mit ihrem Willen dem Kloster Germerode gegeben habe.
Heinrich und sein verstorbener Bruder Walther ver-
kauften ihr Theil den von Boymbach.

(adh 2 sigg. s Urk. Nr. 94. s. a. 1335.)

172.

1360 *Die von Nesselröden verkaufen dem Kloster*
Germerode ihre Zehnten um Boyneburg.

Ich Lucze von Nezzelriden, Margrete min eliche wirtin,
bekennen, an disseme uffin brive, daz wi mit vorrate .
mit wizzene . mit guten willen . mit williger volburt hern
Bertoldis, mines Vaters, Heynriches vnd Walthers miner
Bruder, vnd alle vnser rechtin erbin, eyntrechtlich han
vorkouft, rechtlich vnd reddelich, fry, vnd eygin, eynes
ewigen kouffes, ledig vnd los, den erbern geystlichen
luten, hern Cunrade deme probeste, der priorin vnd der
ganczen Samenunge, des Closters czu Germerode, Teczemen, den wir habin gehat, von erst, czu Netere do sint
gelegin czwo vnd funfczig hufe, vnd jo von der hufe sal
man gebe czu suncte Michabelstage eynen scheffel hafern,
czu Graneborn sint gelegin sechs vnd czwenczig hufe,
jo von der hufe sal man gebe eynen scheffel hafern, czu
Luderbeche funffe vnd czwenczig hufe, jo von der hufe
eyn scheffel, czu hochhusen funfczen hufe, jo von der
hufe eynen scheffel, czu Tattinrode czwelf hufe, jo von
der hufe eynen scheffel, czu Wichmaneshussen funfczen
hufe, jo von der hufe eyn scheffel, czu Hildegarterode
vnd czu Ubeche funfczen hufe, jo von der hufe eyn
scheffel, czu der Hoencyche nun hufe, jo von der hufe
eynen scheffel, czu Rampeche vir hufe, jo von der hufe
eyn scheffel, czu Neter sint sunderliche gelegin czwo hufe,
die gehorin ouch in denselben Teczemen, vnd en sal
niman keyn gebyt, noch seczen odir entseczen ane habe,
sundern dy von Germerode, der die Teczeme ist, Sollen
dyselbin hufe, fry vnd eygen, mit alme rechte ewicliche
besiczen . . vnd man sal gebin alle jar, czu suncte Michahelstage von den hufe Sechs vnd czwenczig schillinge
heller, czw gense, vnd vyr hunre . . also habe wir so
verkouft . . vmme eyn vnd sechczig mark lotiges silbers,

wizze vnde gewichte, yscnescher vnd Mollescher were,
di vns gutliche, geuezliche vnd gar dorumme sint beczalt
. . . . So gebe ich lucze de egenante vorkouffer dem . .
Closter disen vffin brif, mit imme eygen ingesegele vnd
mit ingesegel hern Berldes mines Vaters, Henriches vnd
Walthers miner Bruder . . . Gegebin nach gotis geborten
driezenhundert jar in deme Sechezigesten jare, an sente
lucas tage des heyligen evangelisten.

(adh. 4 sigg. — Nesselbläuer.)

173.

1360 an sencte barbare tage. *Frowin von Gos-
brechterode, Herman Scrier und Herman von Cruczeborg
bekennen, dass sie dabei gewesen, dass Lucze von
Nezzelriden den Teczemen alczu male omme den Berg
czu Boyneborg dem Kloster Germerode verkauft habe.*

(adh. 3 sigg.)

174.

1360 scinthe barbare abinde. *Bertold von Kra-
lucke und Alheid seine eheliche Wirthin bezeugen, dass
ihr Schwager Lutze von Nesselröden den vorgenannten
Zehnten mit ihrer Einwilligung verkauft habe.*

(adh. sig. — Krähe.)

175.

1361 in vigilia ciriaci. *Conrad von Wykardesa
verpfändet dem Kloster Germerode ein Pfund Wachs
an seinem Hause.*

(Angehängt war das Siegel des Heinrich Monczer, pherner
czu Aldendorph.)

176.

1362 sontag nach st. Gerdrude. *Herman von
dem Berge, Ritter, giebt dem Kloster Germerode 5$\frac{1}{2}$
Schillinge von 1 Hufe zu Rospach.*

(adh. sig.)

177.

1363 vrytag in der Osterwochen. *Heinrich von
Herversleyben genannt von Gebese, Johann und Heinrich*

*seine Söhne, Ritter, verkaufen dem Kloster Germerode
2 Hufen eigenes Land zu Welsbeche für 40 Mark. l. S.*

Zeugen: Appele Marschalk voyt zu Tungesbrucken,
Her Henrich und Her Ditherich von Gruzzen, Fridrich von
Hopfgarten, Her von Heylingen, Brun der Pherrer und
Hermann von Welsbeche.

(adb. 2 sigg.)

178.

1363 an vnsir liben frouwen tage in der vastin.
*Walther von Hunoldishussen Ritter, Mecze seine eheliche
Wirthin verpfänden 4 Malter Rocken an Gele und Alheid, seine Schwestern und dann dem Kloster Germerode für 4 Mark guter Eschweger Währ. von dem Berge
di da heizzit di Butilsberg.*

(adb. sig. Waltheri.) s. Urk. Nr. 241.

179.

1363 17. kal. Januarii. *Der Official zu Heiligenstadt schlichtet einen Streit zwischen dem plebanus ecclesie parrochialis in Soden Magister Johannes de Wiczenhusen und den villanis de Kamerbach dahin, dass
letzere einen Pfarrer in Soden wie zuvor bezahlen
sollten, dafür dass er den Gottesdienst in Kammerbach
verrichte.*

(adb. sig. offioialis.)

180.

1363 an st. Agatin tage. *Hermann von Neter
Tumher zu Borsla*), Simon, Hermann und Eberwein,
seines verstorben Bruders Kinder, verkaufen ihrer Muhme
Reyngart, Werkmeisterin zu Germerode und dem Werk-
meisteramte daselbst 2 Pfund Heller zu Netra für 20
Pfund.*

(Mit den Siegeln Hermanns v. N., Hermanns**) des Pfarrers
zu Tennstedt und Hermanns von Boyneburg sen.)

181.

1364 an sente Johannestage. *Curt Morsin etc.*

---

*) Stift zu Grossenbursla. — **) von Neter.

verkaufen von allem, was sie haben zu Honde, Strals-
hussen *) und Germerode 1 Pfund Heller Gülte ̃alle
jar czu dem czwelftin czu gebene«, dem Kloster Germe-
rode ̃rend mit dem phunde sal man alle jar uf sente
peters und pauwels abent fische kouffe und sal dy gliche
teylin Herrin frowen und Brudern voym wegen Hern
Cunrads von Beczslat etiswanne probistes czu Germerode.«

(Mit dem Siegel des Knechtes Hans von Hunoldeshusen.)

182.

1364 Mitwochen nach st. katherine. *Hermann von*
Driforte, Herr zu Bilstein, bekennt, dass der Propst zu
Germerode sich mit H. Luteger wegen eines Zinses zu
Weidenhausen verglichen habe.

Zeugen: Herr Friedrich von Spangenberg, Herr Tyle
von Frankershusen, Ludewic von Duringenberg **), Conrad
Eylmar ***) und Johann von Gensingen.

(adh. sig. H. de Driv.)

183.

1364 Mittewoche nach der heyligen drivaldekcittag.
Die von Nesselröden verkaufen dem Kloster Germerode
einen Hof zu Breitau.

Ich luccze von Nezzilride Marthe min Eliche wirtin etc.
bekennen .. daz wi .. den geistlichen Ludin des Closters
zv Germerode vnd bi name Hern Conrad von Sybotinberge
vnsin frunde habin vorkouft .. Eynen houf mit alle deme
daz da czv gehorit czu Breytouwe . in dorf adir in felde
.. alshe von vnsin eldirn vf vns bekomen daz man da
von alle jar sal gebin dry schillinge heller eyne gans vnd
czwey hunre, Eyn schok eygir vnd eyn hun czu fas-
nacht ... Geczvge her Heynrich von Nezzilriden Walther
sin Bruder vnd Heyncze vetere. —

(adh. sigg. Lud. et Heinr. de Ness.)

184.

1365 an Sente Augustinstage. *Die von Uslar*

---

*) Wüstung zwischen Niederhone und Albungen. — **) Dörn-
berg. — ***) gehört dem Geschlecht der von Eschwege an, nennt
sich auch Conrad Eylmar von Eschewege.

eignen dem Kloster Germerode den Zehnten zu Ritt-
mannshausen.

Wir Herman von Vslar ritter, Erns vnse brudir . .
bekennen . . daz wir . . czu cyine ewigin Selgerete . .
dem Gotshus czu Germerode frigen vnd Eygin den Tetczemen zv Ritandishusen. Also daz su den Tetczemen
Ewiclich sullin besitczin mit allme rechte vor eyn frigiz
angelibetiz aygin.

· (adh. 2 sigg. . . . bemerkt ist unterhalb: Her Conrad von
Sybotinberge und Bruder Bertold von Ebirolderode habin den
Tetczemen vmme vre phennige gekoufit vnd sint Nun maldir vnd
Costin 32 phunt heller.)

185.

1365 Sunabend nach vnser liben frowen tage also
man wurcze wyet. *Hartmut pholndorf verkauft Herrn*
Conrad von Sybotinberge, Bruder Berlde von Wyden-
husen und Margaretin Hern Mathias und dann dem
Gotshus czu Germerode den Teczemen czu Ritandishusen.

(adh. sig. H. Ph.)

186.

1365 feria 5. ante nativ. btc. virg. marie. *Hein-*
rich Lange etc. verkaufen dem Kloster Germerode, bi
namen Jutte Scherfin, Yrmengarte von Budinhusin, He-
dewige ere swester, Gele koudelin, Osspere von Besiken-
dorf 3 Pfund Heller Gülte zu Ritandishusen in Dorf vnd
in felde, für 30 Pfund.

Besiegelt von vnserm Hern dem pherner von Luder-
behche vnd vnserm Juncher Conrad von netere.

(adh. 2 sigg.)

187.

1365 frytag vor mithvasten. *Die von Neter ver-*
kaufen dem Kloster Germerode ½ *Mark Gülte.*

Ich Erhard eyn pherner czu Neter *), Curd min
Bruder, Sophie sin eliche werlinne, Reynhard, Gele, Fre-
derinne vnd Lyse ire kinter . . bekennen, daz wir habin
vorkouft fry vnd eygen . . dem Gotshus czu Germerode
vnd by namen Alheyde von Stokhusin vnd Alheyde von

---

*) gehört dem Neterschen Geschlechte an.

Martirshusen ¹/₂ Mark geldis ewigis czinses, dy da ist
gelegin czu Neter in der fellmarke .. vmme 7 Mark
gutir Eschweger Wehr. .. Geczuge Jan von dem Lichberge, Heynrich Muller etc. besiegelt von Erhard, Curd,
vnd Herman von Vache vnd Ebirwin ihren Vetern.

(adh. 4 sigg : vierfach getheilte netraische (boyneburgische)
Wappenschilde.)

188.

1365 fritag vor Oculi. *Dieselben verkaufen dem-*
selben Kloster und zwar den nuggen (neuen) Junchvro-
win Jutten von Boneborg, Katherine von Holczheym,
Jutte von Falcken 1 Mark Gülte zu Netere für 14 Mark;
dieselbe soll nach deren Tode ein Seelgeräthe sein
Wetekindis von Holczheim und dessen Frau Kunnen
von Lymsfelt.

(Besiegelt wie Urk. Nr. 187.)

189.

1365 fritag vor Mittevasten. *Dieselben desgleichen*
1 Mark zu Neter ihren Niftelin Reyngarde von Muterode,
Reyngarte von Neter und Gute, ihres Bruders Tochter,
für 14 Mark.

(Besiegelt wie Urk. Nr. 187.)

190.

1365 in die bti. Martyris Rufi. *Das Cyriaxstift*
zu Eschwege hat vom Kloster Germerode ein Gut zu
Schlierbach *) zu Erbe.*

Wir Hedewyg von Gudinberg von gotis gnadin Ep-
tisse, Mechthilt von Glychen Custirn vnd daz gancze Ca-
pitel der kerchen sancti Cyriaci zcu Eschewege vf dem
Berge bekennen: daz wir daz gut daz vns Berld Flemyng
der eldir gegebin hat durch got vnd .. gelegin ist in
den veldin des dorfes czu Slirbach vnd heizzet daz frone
gut vnd waz ettiswanne Johannis Walbergis, von eyme probist
zcu Germerode vnd von den Clostirfrowen daselbis zcu
erbe haben vnd haben sollen ewycliche . solan wys daz
wir deme probist vnd den juncfrowen vorgenant alle jar

---

*) Ober- und Unterschlierbach sind 2 ausgegangene Dörfer bei
Eschwege.

. . eyn Virteil gudis rocken zcu erbe zcynse gebe sollen vnd wollen.

(adh. sig. abbatisse et conventus.)

191.

1365 Sunabend nach des heylein cruczestage alse ez wart funden. *Reyngart von Muterode und Reyngart von Netter geben dem Kloster Germerode als Seelengeräthe 3 Pfund Heller Gülte von 2 Mühlen zu Vockerode und 4 Malter Partimfrucht von* $^1/_2$ *Hufe zu Orpherode.*

(adh. sig. propos. et conventus.)

192.

1366 sente Dorothea. *Die von Neter verkaufen dem Kloster Germerode 5 Hufen etc. zu Netra.*

Ich Conrad von Netere der alde bye min eliche wertin, her Herman pherrer zu Tennestete, Ebirwin vnse sone, Else, Reingart und Ilese vnse tochtere . . bekennen . . das wir . . habin virkouft dem Hern Henriche probiste zu Germerode Hern Henrich von Crakowe und der gemeynen Samenung daselbis funf hufe arthaftis landis vnse gesezzes mit hufen und mit hofe und mit alme gebure als wirs habin besezzen, ouch dri marg geldis Eschinwegisser were . . ouch 6 ackere wesin, daz achte teyl des holczis daz da heyzzit di dorre lyte, ein virtel des holczis daz da heyczit dy sterrin lyte, ein virtel an deme Eychinberge, ouch ein virtel das holczis daz da heizzit an den Gern . . fri vnd eygin . . vmme sibinczig marg vnd hundirt marg Ehsinwegissir were . . . Besiegelt von Conrad, Hermann und Ebirwin und Reynholt von Webirstete, ein frunt *). Geczuge: Eylmar von Echsinwege und Conrad sin brudir etc.

(adh. 4 sigilla.)

193.

1366 dinstag nach Reminiscere. *Bye von Neter, Conrads Wirthin, verzichtet »mit lachendin munde« auf alle ihre Rechte an vorstehendem Gute.*

Sämtliche Verkäufer setzen zu Bürgen Tieczeln von

---

*) er nennt Conrad seinen Swer und Hermann und Eberwein seine Swegere.

Nacza . Hermann sinen Bruder, herman von Vache, Reyn-
hardin von Neter und Berldin sinen Bruder.

(adh. 8 sigilla.)

194.

1366 Sente Agathin. *Hermann von Neter Tum-
herre czu Borsla, Vormund Tylen seines Bruders Kinder,
Erhard, pherrer zu Neter, Herman von Fahche und
Conrad von Neter der Junge geben zu vorstehendem
Verkaufe den agnatischen Consens.*

(adh. 4 sigg.)

195

1366 Montag nach Reminiscere. *Die von Neter
geben Bürgschaft wegen der Lehen in Betreff vorstehenden Kaufs.*

Ich Herman von Neter Tumherre czu Borsla, Vormund Hermans und Ebirwines mines bruder kinder Tilen
von Neter deme got gnade, Curd von Neter der eldere,
her Herman pherner czu Tenstete und Ebirwin mine sone,
Herman von Vache, Lamprecht, Herman, Otto und Reyn-
bote mine sone, Reynhard, Berld, Otte und Symon gebruder genant von Neter, her Erhard pherner czu Neter
und Conrad min Bruder . . bekennen . . daz wir borgin
sin vor alle ansprache vnd in val, dy da queme von
lenschaft wegen, des gutis czu Neter, daz . . Conrad von
Neter der eldere vnse frunt hat vorkouft dem Gotshus
czu Germerode fry vnd eygin.

(adh. 5 sigg.)

196.

1366 sabbato ante purific. bte Marie virg. *Die
Landgrafen von Thüringen approprizieren dem Kloster
Germerode ½ Manse zu Netra.*

Nos Fridericus, Balthasar et Wilhelmus dei gracia
Thuringorum landgravii . . recognoscimus . . quod . .
medium mansum terre arabilis situm in paginis ville Netern . . per strenuum Cunradum de Nettern nobis libere
resignatum, religiosis . . in Germerod . . dedimus . . et
appropriamus. — Presentibus nobilibus Gebehardo de
Querenfurt domino ibidem, Friderico de Schonburch domino
in Glochaw, ac strenuo Kristano de Wiczceleyben, Theo-

derico ejus filio, Henrico de Loucha, Nycolao et Henrico de Kobenicz fratribus, Syffrido de Schonfelt militibus.
(adh. 3 sigg. landgraviorum.)

197.

1366 st. Jacobi abend. *Hermann von Treffurt verpfändet dem Kloster Germerode sein Gut zu Elberode.*

Ich Herman von Dreforte herre tzu Bylstein bekenne .. daz ich han vorkouft uf einen widderkouf den .. geistlichen Luden .. zu Germerad min gut tzu Ebiroldederade, daz ich koufte weder dy von Volkirshusin vor Soebintzig marc Eschenwegischer wer, vor funftzig marc .. wer iz daz ich odir mine erbin das gud .. nicht widder en kouften, so solden sie tzu eime widerkoufe sten Curde Otten vnd Tylen gebrudern von Volkirshusin vnd iren erben vor 70 marc vnd sollten die obigen zcewentzig marc legen an zwo marc geldis mir tzu eime selegerede vnd soldit darmide machen den Juncfrouwen vnd den pristern alle jar zu miner jargetzit eine pytancien darvmme sy vigile vnd selemesse halden sollen .. Ob dy von Volkirshusin des gudes nicht wider enkouften so sollen dy von Germerade vnsem herren dem lantgreben tzu widderkouffe sten vmme 70 Marc . vnd dy wile dirre gude nicht widder geloust wert, so salen iclich prabist zcu Germerade nach mime tode dit selegerede den Juncfrouwen geben uf mine jargetzit vnd den pristern.
(adh. sig. H. de Drivordia.)

198.

1366 an sente thomas Abende. *Ludewig von Slutingisdorf, Andreus, Ludwig und Heinrich, seine Söhne etc. verkaufen dem Bruder Gernande und dann dem Kloster Germerode 12 Acker Land.*

(Angehängt sind die Siegel L. v. Sl. und seines Eidams Werner von Cappel.)

199.

1367 vrythag nach s. Walpurge. *Rudolf von Lengefeylt Voyt zu Tungesbrucken bekennt, dass vor ihm zu rechter Dynckezit und an rechter Dynckstat zu Tungesbrucken an seines Herrn stule kunne Tappelsteyn* *und ihr Sohn Heinrich dem Kloster Germerode ein freies Eigen an* 1½ *Hufen zu Niederwelsbach gegeben haben.*

Zeugen: Herr Kerstan Schorbrant, Henrich von Heylingen, Appel von Sebeche, Sander der Vrybote und Bertold der schriber.

(adh. sig. Rud.)

200.

1367 an sente Jeronimi tage des grozin lerers. *Herman von Neter, Pfarrer zu Netra, Hermann und Eberwein seine Vettern verkaufen ans Kloster Germerode, bei Namen an ihre Schwestern und Nifteln Reingard von Muterode, Reingard und Guthe von Neter, Klosterfrauen,* ½ *Mark Gülte zu Ritandishusen, Luderbach und Netra.*

(Mit den Siegeln des Hermann von Neter und Jan vom Lichberge.)

201.

1367 an Abinde Sente Sebastians. *Conrad der Alte von Neter verkauft an Gele und Gude genannt Botin, Marthe und Else von Cruceborg und Catharine von Honsteyn 16 Schillinge Gülte mit 2 obeleygen zu Ritandishusen; nach deren Tode soll die Hälfte dem Kloster Germerode zufallen, die andere Hälfte den Klosterfrauen zu einem Seelgeräthe.*

(adh. sigg. propos. et conventus.)

202.

1367 an sente Michahelstage des heyligen Erczengels. *Heimbrad von Boyneburg stiftet ein Seelgeräthe ans Kloster Germerode.*

Ich Heymbrad von Boyneborg der Junge etc. bekenne .. daz Heymbrad min vater dem got gnade mit mime rate .. hat gegebin czu eyme selgerethe 8 malder gutes gekornes Esschinwegisches mazes . halb rocken vnd halb havern . eyne gans . czwey michelshunre und 1 schilling heller Eschw. were alle jar der Samenunge in daz Closter czu Germerode .. von eynir hube landis .. in dem felde czu Hademarshusen *) . vnd ist vnse fry

---

*) ohne Zweifel Harmuthshausen unter der Boyneburg.

eygin gewest bishere . . . daz dy gulde sal halb gevalle
miner wasin agnesin vnd Sophien miner swester beyde
genant von Boyneborg . . . vnd swanne sie beyde nicht
lenger ensin . so sal dy gulde dy selgerethern czu male
vf neme . da sal man mines vaters jargeczit mile begehe
vnd alle jar daz groze gebet darvone halde.

(adh. ˙sig. Heimbr.)

203.

1368 Montag nach St. Catharinen. Cassel. *Land-*
graf Heinrich von Hessen genehmigt als Lehnsherr, dass
sein lieber heymelichir Herman von Dryfurte 5 Hufen
ohne $^1/_4$ *bei dem Hofe zu Eberolderade und die Äcker*
am Munstirholcze dem Kloster Germerode für 50 Mark
verpfände.

(adh. sig. minus. s. Urk. Nr. 197.)

204.

1369 an dem tage sti. Bonifacii. *Die von Hun-*
delshausen verkaufen ihr Vorwerk zu Bornershausen
und Wassenhausen) dem Kloster Germerode.*

Ich Hans von Hunoldeshusen gessie myn eliche wirtin . . bekennen . . daz wir vorkouft habin . . ewigliche
czu besiczcene . . vnse forwerg czu Bornshusen vnde
czu wazsenhusen gelegen vnde mit alle deme daz darczu
gehoret in dorffe vnde in velde . . vnde by namen dye
hovereyte dy da gelegen ist czu den sassen dy da was
Curdes von Wildechke vnde siner muter vme Seybinczig
marg guter Eshenwegisser were dem . . prohste Johannes
czu Germerode vnde dem Covente daselbis . . vnd verczi
des gutis ich Hans gessie myn wirtin der libgedinge.

(adh. sig. J. de H.)

205.

1369 an sente Symonis vnd Jude tag. *Golfrid*
Grefe czu Cyginhain approprizirt dem Kloster Germerode
vorgenanntes Gut, das Joh. von Hundelshausen von ihm
zu Mannlehn gehabt und womit derselbe seine Frau
Gese bewitthumt habe.

(adh. sig. comitis.)

*) Wüstungen bei Reichensachsen.

206.

Datum fehlt. Die Urk. scheint in diese Zeit zu gehören, wenn nicht in eine weit frühere. *Johann von
Hundelshausen übergiebt dem Kloster Germerode 2 Mansen
zu Wölfterode und Markershausen.*

Dominus Johannes, miles, dictus de Hunoldishusen,
castrensis in Brandinvels, adhuc compos sui, ante mortem,
viva voce legavit ecclesie et dominabus in Germorrode,
duos mansos, ad salutem anime sue quos ipse in proprietatem habuit pacifice et possedit, istorum mansus unus
situs in villa dicta Wolferode, alter mansus in villa dicta
Marquartishusen sub castro Brandenvels et pertinet ad locum qui dicitur in palude . . . Acta sunt hec in castro
Brandenvels, coram nobis testibus, dom. Hr. plebano de
Olfnia, Alberto milite dicto goldaker, Eber. de Holzhusen,
Wi. et Br. de Hochhusen, et in majoris signum credentie
hujus rei hec conscribi fecimus sub sigillo domini Friede-
rici de Drivordia junioris.

(adh. sig. F. de Driv.)

207.

1369 an st. petirs tage. *Sandir Sterre der eldiste
und Sandir sein Sohn verpfänden dem Kloster Germerode 1 Mark aus ihren Gütern zu Burin*).*

Setzen zu Bürgen Walter von Hunaldishusin des
Hoberachters son und Heinrich von Weldin czu suntra.

(adh. 3 sigg.) s. Urk. Nr. 215.

208.

1369 suntag invocavit. *Hermann von Dryforte
Herre czu Bilstein bekennt, dass mit seinem Willen
Sandir sterre dem Kloster Germerode 1 Mark Gülte
versetzt habe aus den Gütern zu Burne, die er von
ihm zu Pfand habe.*

Ob sandir odir sin son der gulde nicht wider loistin .
der czit daz wir vnse Dorf von en widirgeloistin . So
solde vns der Prabist etc. czu eyner losunge stoyn.

(adh. sig. domini Herm. de Drif.)

*) Borna, Wüstung bei Kammerbach.

209.

1369 Dinstag nach st. Johannestag. *Die von Boyne-burg verkaufen dem Kloster Germerode eine Fruchtgülte.*

Ich Herman von Boyneburg der Eldere ritter . Luckart min eliche wirtin, Cunrad, Heymbrot, Heinrich und Cunrad vnse sone . . bekennen . . daz wy . . haben vorkouft . . dem Herrn Cunrade von Sybotinberge, Hern Henrich von kolberg bruder, Apiln Micke, Marctin Mathias vnd ·Ymelin Arnoldis*) vnd darnach deme gotshus czu Germerode vmme 26 marg guder Eschenweg. were 7 Maldir rocken vnd 7 Maldir havern jerlicher gulde . . . in der dorfmarg der richin sassin an deme gude daz da waz Bertold von Gestede **) . . . Geczuge Her Herman von Honsteyn ritter, Reynhard von Boyneborg, Henrich von Hunoldishusen, Hartrad sin bruder, b. fleming der Junge vnd me lute.

(adh. 2 sigg.)

210.

1369 Mittewochen vor ste. Johanstage. *Landgraf Heinrich von Hessen giebt zu vorigem Verkaufe den lehnsherrlichen Consens.*

(adh. sig. majus equ.)

211.

1369 Dynstag an ste. Dorotheentage. *Gerechtig-keit des Klosters Germerode zu Rudolfshausen und Begethal. ***)*

Ich Herman von brandefelz Rytter vnde amptman mynz herin von hessin an der werra vnde zu Rodinberg bekenne . . . daz vor mer gewesen synt also hute vffe dyssin tag vnd beseget vnd beczuget han also sye daz zu den Heylgen swern woyldin . . . wye vele Rechtis der prabest vnd daz gotzhus zu germerade habin . . . zu Rudolfishusen vnd zu beygental, zcu deme Erstin haben sye beseigit, daz zu Rudolfishusen nymant do haben wanne daz gotshus czu germerade, adir nymant keyn gerichte

---

*) Emele Arnoldis war Nonne zu Germerode.
**) Jestädt.
***) Wüstungen zwischen Waldkappel und Bischhausen. s. Landau, Wüstungen S. 313 u. 314.

gesessin habin wanne daz gotzhus vormunde zu germerade
vnde ye haben ouch nymande andirs dye bruche gesunet
dy da geviln wanne deme gotshus zu germerade . . .
daz alle vasnacht hunere dy da gevaln zu Rudolfeshusen
allewege synt wordin deme gotzhus vnd noch werdin
sullin vnde zwey vasnachthunere von beygental . . .
daz subin hobestede zu Rudolfeshusen vorwesselt worden
den luden zu beygental vnd dovon solde men gebin, zu
germerade y von der hobestad eyn vasnachthun vnd
Eynen tag zu germerade snyden yn der Erne vnd soldin
zu Rudolfeshusen zu gerichte geen also andirs dez gotzhus lude . . . daz zu Rudolfeshusen ny keyn von bei-
mylborg gerichte habe gehat noch gesessin . . . daz der
von Rudolfeshusen ny keyn der von boumylborg
gerichte gesucht haben von der gude weyn dy die ge-
burn haben legyn zu Rudolfeshusen . . . daz prabest
Cunrad en Eyns yrloybete vnde hiz, daz sye soldin helfen
Eyn Dyb holen den von Byschoffeshusen zu Dorla, daz
dadin sie von dez prabistiz geheyse. Dyt hat besegit vff
Ern Eyt locze Wyker (und 10 andere) . . Dorczu hat
beseyt bruder Hans schroter daz Eyn froywe zu Rudolfeshusen hette gestoln Eynen sleyger vnde Eyn Tephen bo-
tyrn du sass her eyn gericht obir von decz gotzhus
weyn zu germerade vnde hyz Eme dye Dube vorbusen
von des gotzhus weyn.

(adh. sig. H. de Brand.)

212.

1360 an sunte andrestage. *Die Haupt*) verpfänden
dem Kloster Germerode 20 Malter Hafergülte.*

Ich Herman von Hardinburg Ritter bekenne, daz ich
dorch . . bete hanses houbtes vnde hermans sins bruders
bekannt habe dem probiste tzu Germerode vnd dem gotzhus 20 maldir habirn jerlicher gulde, di hans houbt en
vorkoift hat vz dem lehene dy her von mir tzu lehene
hat vme 15 marg Eschweger were . . . nemlich 6 maldir
vz dem hobe czu Ebirholderode **) des genanten gotzhus,
2 maldir von 1¹/₂ hube der von volkershusen czu witzenhusen, di ettiswane waren Ditheriches von witzenhusen,
der kenwessel hat daz genante gotzhus czu germerode

---

*) eine angesehene Patrizierfamilie zu Eschwege
**) der Mönchhof.

von des von drivort wegin 1 maldir vom Reichardesgute von bonneborg daz der von Natztza waz, die andern 11 maldir der gefallen 5 von 5 huben czu bruwersdorff,*) 2 vomme kotzenbach**) vnde 4 von 4 huben in dem Richelinggrunde.

(adb. sig. H. de Hardenberg.)

213.

1369 an st. walpburge abint. *Herman von Treffurt verpfändet Ziegenbach***)*

Wir Henrich von gotz gnadin lantgrebe tzu hessen bekennen . . daz mit vnsirme willen . . hermanne von Drifurte vnsir liebir getruwir virkouft . . sin dorff tzheginbach vff einen widdirkouff vor feir vnd tzwenczig marg eschinwegir wer . . den . . geistlichen ludin . . tzu germerade . . vnd Henrich von wickardeza vnsme liebin getruwin vnd sinen erbin . . . werz daz herman von Drifurte adir sine erbin nicht widdir kouftin, su sullen die von girmerode vnd Henrich von wickardeza vnd sine erbin vns vnsin erbin tzu einir losunge sten . . vor die 24 marg.

(adb. sig. landgr. minus.)

214.

1369 St. blasiustag. *Sander Sterre und sein Sohn verpfänden dem Kloster Germerode ¹/₂ Mark aus ihren Gütern zu Hildegereshusin†)*

(besiegelt wie Urk. Nr. 207.)

215.

1369 Invocavit. *Propst und Convent zu Germerode wollen, wenn Sander Sterre die Mark Geldes zu Bürne nicht wiederkauft, dem Herrn von Treffurt zur Lösung stehn.*

(s. Urk. Nr. 207)

---

*) Wüstung Brausdorf bei Wipperode.
**) bei Wipperode.
***) In einer an demselben Tage ausgestellten Urkunde Hermanns von Treffurt heisst es: vnss gerichte vnde waz wir rechtis habin in dem Dorffe czu Ceginbach. s. Urk. ad. a. 1258.
†) Hilgershausen.

216.

1369 in die Katherine virginis. *Die von Hundels-*
hausen verpfänden dem Kloster Germerode ihr Gut zu
Niedersonneborn*)

Wir Hannes von Hunoldeshusen, Elze myn eliche
wirtin, bertol, Hans, Henrich, Hartrat vnse sone; Elze,
Meczce, grete, gele und lene vnse tochter bekennen . .
daz wir mit willin hern Walters von Hunoldeshusen Ritters,
Heinrichs und Hartrades siner bruder, Henrich, Heymbrades und Hartrades gebruder von Hunoldeshusen vnsir
vettirn eynes ewigen koufes vorkouft haben dem Gotshuss
czu Germerode vmme 28 mark Eschinwegischir were
vnsir gut gelegin czuschen dem Mileforst vnde Rudolfes-
hussen· vnde heyzsit czu Nedirnsunneborn in holcze in
felde . . . Ouch so habin vns daz gotshus dye gnade getan
welcherczit daz wir komen innewenig ses jarin dy hy
nest komen so bedin vmme eyne Junchfrawen phrende
eyner vnsir tochter dy sollen su vns ledig vnd los gebin
alse gewonliche ist. Geczuge: dy gestrengen lute brun
von Weberstete Reinhart von beinborg fryzse von Nacza
vnd Henrich Clingrebe borger czu Eschinwege.

(adh. sig. Joh. de Hund.)

217.

1369 feria 3. proxima post dom. Jubilate. *Har-*
trad von Hundelshausen verkauft dem Kloster Germerode
eine Wiese zu Sunnebornen, die da liegt bei dem Dorfe
czu Rudolfishusin, für 12 Mark.

(adh. sigg. Hartr. et fratrum Heinrici et Heimbradi: Heinrich führt einen Eselskopf im Wappen.)

218.

1370 am Tage vnser lyben frowen tage alze su
enpfangen wart. *Walter von Hundelshausen und seine*
Frau Mezce verkaufen dem Kloster Germerode 1 Mark
Gülte an ihrem »gute und luten czu nydernsunneborn,«
für 10 Mark.

(adh. sigg. Walt. et fratris Heinrici.)

---

*) Wüstung zwischen Waldkappel und Bischhausen. s. Landau
l. c, S. 315.

219.

1369 am tage sente Bonifacius. *Ludwig von Arns-*
hain legirt dem Kloster Germerode sein Gut zu Siegers-
hausen.

Ich Lodewig von Arnshayn bekenne, daz ich han
vorkouff dem Probste Johan vnd der . . samenunge des
Closters czu Germerode allez daz recht nucz vnde gevelle
daz ich hatte an dem gute czu sygehartshusen alse ez
mine Eldirn vnd ich von aldir habin gehat von dem genanten gotshuse, vnd 5 ackir mit eyner wesen . . vmme
12 marg . . vnd vmme eyne phronde obir des probst
tisse glich eyme Capelan dy wil ich leybe, darczu sal
mir eyn probst geben eyn marg geldis jerlicher gulde
wan ich kume in dy phronde, queme ich abir nicht dan
so sol de mir czwo marg geben, vnd waz ich lazse nach
myme tode, sal gevallen dem gotshus. Besiegelt von Her
Walter von Hunoldeshusen, Ritter, Heinrich Wicen vnd
Herman Meyssibuch.

(adh. 3 sigg.)

220.

1370 in vigilia philippi et jacobi. *9 Bürger zu*
Lichtenau bekennen, dass sie vom Kloster Germerode
zu Erbe genommen haben dessen Gut zu Segirshusin
und wollen davon geben 17 Viertel Lichtenauer Maass,
halb Rocken halb Hafer, 15$\frac{1}{2}$ Pfund Heller und 40 Heller.

(Besiegelt von Bürgermeister und Schöppen zu Lichtenau
mit dem Stadtsiegel.)

221.

1370 un st. katherinen abende. *Otto von Völkers-*
hausen bekennt, dass die 2 Mark Gülte, die Herr Her-
mann Houbit und seine Erben hatten »czu Ludenbach*)
uff dem Hundisrucke an deme dorffe«, solle gekauft haben
das Kloster Germerode für 20 Mark; wenn er das
Dorf wieder kaufen würde, solle er diese 2 Mark auch
wieder einlösen.

222.

1370 in die fabiani et sebastiani. *Otto von Völkers-*
hausen verpfändet dem Kloster Germerode 1 Pfund

---

*) Ausgegangenes Dorf.

Gülte zu Weidenhausen aus seiner Fruchtwente daselbst (10 Viertel Partimfrucht) für 10 Pfund.

Geczuge: Her Johan von sodin pherrer czu der Owa und Johan Schroter eyn Bruder des gotshus.

(adb. sig. Ottonis.)

223.

1370 an sente Elsebede abinde. *Landgraf Heinrich von Hessen bekennt, dass mit seinem Willen das Kloster Germerode von Hermann von Drirorte dessen Vorwerk zu Weydinhusin für 70 Mark gekauft habe.*

Löste er's nicht wieder ein, dieweil er Bylsteyn inne hat und käme uns (dem Landgrafen) Bilstein wieder zu Handen, dann soll uns das Kloster Germerode das Vorwerk für 70 Mark zu losen geben. —

(s. Urk. Nr. 139).

224.

1370 an sente Martinstage. *Hermann von Dreforte, Herre tzu Bilstein verpfändet dem Kloster Germerode 32 Malter Korngülte aus seinem Vorwerke zu Widenhusin, das er löste von den von volkirzhusin, für 32 Mark.*

225.

1370 an sente Elsebede tage. *Landgraf Heinrich von Hessen bekennt, dass mit seinem Willen Hermann von Drivorte dem Kloster Germerode verpfändet hat 12 Malter fruchtgülte aus seinem Vorwerke zu Wydinhusin, das er löste von seinet (des Landgrafen) wegen von den von volkirshusen für 12 Mark.*

Löste er die Gülte nicht, so lange er Bilstein inne habe, so solle die Lösung dem Landgrafen zustehen.

226.

1371 an deme achtistin tage unsir froywin assumptien. *Werner von Cappele und seine Frau Jutte verpfänden dem Kloster Germerode 1 Pfund Heller aus der »mollin zu ermpsassen *).«*

---

*) Harmuthsachsen.

Besiegelt von Werner und dessen „sweer“ *) Lodewig von slutingisdorff.

(adh. 2 sigg.)

227.

1371 sente pelyrs lag. *Conrad von Falkin verkauft dem Kloster Germerode alle sein Recht an einem Gute, das er zu Neter vom Kloster Germerode hat, für 11 Mark.*

Besiegelt von Cunrad von Falken, Eylmar, Herrn Jans Sohn von Eschinwege genannt und Lodewig von Boymbach für apiln schindekoph.

(adh. sigg. Eilmari et Ludewici.)

´ 228.

1371 an sente walpurgi lage. *Johannes Bope stiftet an's Kloster Germerode ein Seelgeräthe.*

Ich Johannes Bope pherner sante katherinen czu Esschinwege . bekenne . . daz ich gekoufft habe vmme dy erbern geystlichen Lute . . czu Germerode sechs mark phennig geldis . jo fünf schillinge guter thornose vor dy mark . von alle deme daz sie habin czu nidernhonde . in dorffe oder in velde . . vor sechczig mark . . . wanne dy vorkouffer woldin des czinses 4 mark widerkouffe vor 40 mark . . daz solde ich . . nicht vorsagen. Dannoch bleben vf dem gute 10 schillinge thornose jerliches czinses dy solde alle jar ewicliche eyn probist oder eyn vormunde endelagen den selgerethern in daz closter . davone sal man an dem tage miner jargeczit tun eyne consolacien das der probst sine cappellane vnd dy Juncfrowen gemeynlichen genizen . darumme sollin sy an dem selbin tage begehn mine jargeczit . mit vigilien . messen vnd commemoracien als ir gewonheyt ist. Darnest an dem andern tag sal man tun daz lange gebet mit innikeyt miner sele miner eldirn vnd allen gloybien selen czu troste. Besiegelt von Johann Bope und Her Lodewig Thechen der kirche vnsir frowen czu Isenache.

(adh. 2 sigg.)

*) das ist Schwiegervater.

229.

1372 an sente jacobistage. *Derselbe Johann Pope, jetzt Tumherre der kyrchen vnsir frowen czu Isenache, stiftet aus vorstehenden 6 Mark weitere 5 Schillinge zu einem Seelgeräthe an's Kloster Germerode.*

. . Dy 5 schillinge soll inneme eyn wercmeystern . . darmite sal man wien kouffen an vnser frowen tage als sy czu himele ist gvarin . vnd den vndir dy samenunge gliche teyle . also . daz dem probiste vnd den cappellanen auch ir teyl davone werde. Darvmme sollen sy an deme tage deste flizziger sy an gotes dinste . vnd ir iclioh spreche funfczig ave maria . odir drizzig pater noster vnd als mang engelischin gruz . gote vnd siner werdin muter czu erin . miner sele . miner eldern . vnd allen gloubien selin czu troste. — Besiegelt von Johann Pope, Hern Lodewig thechin der kyrchen vnsir frowen czu Isenache vnd Hern Heynriches probstes czu sente Niclause daselbis.

(adh. 3 sigg.)

230.

1372 Montag nach mit vasten. *Die von Rengolderode verpfänden dem Kloster Germerode das halbe Dorf Rückerode.*

Wir Odylie etzwan Thylen wertin von Rengolderode dem got gnade. Johannes er son vnd ire Erben . . bekennen . . daz wir vorkoufft han . . vnso halbetheyl des dorfes Rukerode . . dem . . probiste czu Germerode der prioren vnd dem gancze Convente . . vnde besundern Hern Henriche von Crakowe vmme dryzzig marg wyczcenhusser wer . . vnde sollin den . . kouffern . . alle jar . . gevallen 3 marg geldes wyczenhusir wer. Besiegelt von den gestrengen knechtin Lypold von Rengolderode vnd Wyllekin von Byschoffeshusen.

(adh. 2 sigg.)

231.

1373 Dinstag nach dem Palmtage. *Heymbrat von Boinborg, knecht gesezssen czu Suntra, verpfändet dem Kloster Germerode und besonders seiner Schwester*

Sophie $^1/_2$ Mark und 1 Malter Korn aus Konigeswalde und 4 Malter Korn aus Breytowe, für 10 Mark.

(Angehängt die Siegel Heimbrat's und seines Vetters Hermann von Boyneburg.)

232.

1374 feria 3. post dom. vocem jucund. *Hermann von Gerwartshusen, Cunrad und Hans, Tyle und Symon, Brüder, verkaufen dem Kloster Germerode 1 Lymyz Korn Gülte aus ihrem Vorwerke zu Albungen, für $^1/_2$ Mark.*

(Besiegelt von Reinhard von Netern.)

233.

1376 in die beati Cyriaci. *Heinrich Buch etc. verkauft dem Kloster Germerode seine $^1/_2$ Hufe Land zu Albolderode "da sente Klobis eyn hun ane hat", für 29 Pfund Heller Eschw. Währ.*

Zeugen: Lodewig von Dorngeburg *), Hans Voyt von apterode, Curd kelner, Kelner zu Bielsteyn. Besiegelt von Hern Wernher von Ayllinhusen probist des Closters zu Anenberge zu Cassele.

(adh. sig.)

234.

1376 frytag vor vnsir frowentage lichmesse. *Heymbrat von Boymylborg der Eldere, Wedeloch seine wertin, geben dem Kloster Germerode 8 Schillinge und 18 Heller für 1 Viertel Hafergülte von $^1/_2$ Hufe Landes im Felde czu Rorinrid **).*

. . Wers daz wir sumig worden . . so solde daz closter lassin phenden vf dem gute den Lantsedil dy daz gut buwete adir beseysse von vnsir wegen.

(adh. sig. Heymbr.)

235.

1376 feria 2 post judica. *Curt Spereisen verkauft dem Kloster Germerode eine Rente zu Virbach ***).*

Ich Curd Sperysen Jutte myn Eliche wertin . . bekenne . . daz wir han vorkouft . . den Probiste der

---

*) Dörnberg. — **) Röhrda. — ***) Wüstung bei Reichensachsen.

prioren vnd ganzen Samenunge des closters zu Germerode vnd by sundern Mechthilde von me Hayn eyner Closterjuncfrowen daselbis . . 4 maldir korngeldes, 6 schillinge heller geldis vnd 2 Michelshunre alle jar zu gebin . . vnd sal gebin Heynrich Reynbold vnd syn muter zu Vierbach vz dem gude . . daz sy von vns han gehat zu erbe daselbis vnd sal disse gulde gevallin . . czu dem grossin gebede von des probistes wegen von Aptherode zu Troste syner Sele . . vor 7 marg Eschinweg. wer. — Besiegelt von Curd Spereisen vnd Curd Eylmar von Eschinwege.

(adh. 2 sigg.)

236.

1377 an sente pauli tage alse he bekert wart. *Heinrich von Wykirsa, Agnes seine Frau, Bodde, Heinrich und Bernhard, ihre Söhne, verpfänden dem Kloster Germerode, und besonders Herrn Tyle von Frankirshusen* *) *75½ Schillinge Gülte aus Gütern zu Wolfharterode und Czeginbach, für 10 Mark.*

(adh. sig. H. de Wyk.)

237.

1379 2. feria post diem beate Elizabeth. *Reinhard von Boyneborg und Alheid seine Frau schenken dem Kloster Germerode 1 Mark Gülte zu Germarade, dass alle Jahr in den ersten 10 Nonen ihrer und ihrer Aeltern Jahrszeit gefeiert werde.*

(adh. sig. R. de B.)

238.

1379 4. feria vigilia fabiani et sebastiani. *Seelgeräthe der von Natza.*

Wir Hannes fritze gebruder genant von Natza vnd Conrad von Natza ir veter bekennen . . daz wir . . Hanse thutleyben vnd Hanse Kerstan zcu Nydirnhonde . . mit 1 Vierdinge geldis jerlichis zcynsis gewysit haben un dy . . czu Germerade von Conradis wegen von Natza vnses vetern dem god gnade . . daz se alle jar sollen sine

---

*) er war Pfarrer daselbst und stiftete mit diesem Gelde ein Seelgeräthe.

jarzcit bege met vigilien vnd met messe. Wiederkäuflich vm 10 phunt heller gudis geldis Eschewesser wer.

(adh. 3 sigg. der von Natza.)

239.

1381 feria 5. post dom. Jubilate. *Conrad von Völkershausen, Agnes seine Wirthin, verpfänden dem Kloster Germerode 2 Mark Gülte aus allen ihren Gütern und Zinsen in dem Dorffe zu Ludenbach für 20 Mark.*

(s. Urk. Nr. 221.)

240.

1382 Dinstag nach st. Lucie. *Seelgeräth der von Hundelshausen.*

Ich Waltir von Hunoldishusin bekenne . . daz ich mit wyllen . . mynes brudir Henriches vnd Meczen myner elichen wertin . . gebe czu troste vnsern vnss vatir sele vnsir mutir sele vnsir altvordirn sele vnd allen globigen selen . . deme closter czu Germerode dy Wyssinbacher Mollin myt allir czugehorunge . . do alle jar vz gevellet eyn swin von eyner halbin marg Lychtenenscher werunge . . daz man sal hegen vnss vatir Jargeczit ewiclichen myt vigilia vnd messe . . Auch sollin myne swestern dy gulde halp uffneme wil daz sy leben . . . Ouch lyn er da (in Germerode) sesse begraben den sal man ses schilde molin vnd sal sy da uff hengin wilcher sich auch vnsir da begraben let den sal man dazselbe tun . . . besiegelt von Walter und Heinrich von Hundelshausen.

(adh. 2 sigg.)

241.

1382 Mitwoch nach nativ. Marie. *Waltir von Hunoldishusen, Ritter und Heinrich, Gebrüder, verpfänden den geistlichen Jungfrauen Gele und Alheyde ihren Schwestern und dem Kloster Germerode 2 Malter Korngülte in dem Dorfe czu frymannen*) für 2 Mark.*

(adh. sig. Henr. de H.) s. Urk. Nr. 178.

242.

1385 3. feria post dom. vocem jucunditatis. *Agnes*

---

*) Friemen.

*von Wickersa, Bode und Heinrich, ihre Söhne, verpfänden
dem Kloster Germerode Gefälle zu Wolfferterode, Fran-
kershusin, Oberndorf und Huitzerode für 41 Mark Eschweger Were.*

Das Gut geht vom Landgrafen zu Hessen zu Lehn
und kann von diesem um 41 Mark gelöst werden.

243.

1386 sente kylians abinde. *Henrich forman czu
sockenrode verpfändet Jutten von Boyneburg, Priorin
zu Germerode "czu eyme geluchte daz da hanget in
sente Johannis Cappelin aldaselbiz" 1 Pfund Geld für
10 Pfund.*

Besiegelt von Probst Tyleman und Juncher Apel von
Eschewege. —-

(adh. sig.)

244.

1387 Sontag nach s. Jacobiztage. Aldindorf in
spanginbergiz dez schultheyssin huz. *Werner von Hanstein, Amtmann an der Werra, schlichtet einen Streit
zwischen dem Kloster Germerode und Heymbrat von
Reynde wegen eines Gutes zu Bruerstorf.*

Heymbrat soll erweisen, dass er das Gut mit Recht
habe. — Zeugen: dy gestrengin lute Reynhart von Netir,
Henrich von Cruczeborg, Herman Dythe Borgman czu
Forstinsteyn vnd wiczenhussen vnd dy wysen Lute Borg-
hart Rolandez, Curt Funke Burgermeyster, Berlt Hebbe
schepphe czu aldindorf etc.

(adh. sig. Werner de H.)

245.

1388 in die beati Clementis pape. *Bruno von
dem Hagene pherner zu Dudenrode bekennt, dass er dem
Landgrafen Hermann versprochen habe, des Klosters
Germerode Bestes zu wahren und gute Rechnung zu führen.*

Besiegelt von Bruno und seinem Oheim Bruno von
dem Berge.

(adh. 2 sigg.)

246.

1391 *Abrechnung der Priorin mit dem Propste.*

Wir Jutte von Webirstete pryorn katherina von Al-
dinborg vnderpriorn vnde dy gancze samenunge dez
Closters czu Germerode bekennen, daz vnser herre der
probist her Johan von Beysheym in vuss vnd dez Er-
werdigen herrn vnsers herrin von Cappele *) vnd der
Ersamen pryster hern Curdes phernern czu Aldindorff
hern Heinrich furboymez der herrin eyn von Cappele hern
Johans Cruthusen hern Johannes von Honberg vnd Hern
Berldiz vnsers Cappellans vnd in keynwertykeyt vnsers
godezhusez Brüder uf den neestin mittewochin nach sente
Johanstag czu mitte sommer, Czuschin myttage vnd vesper-
czit in vnser sichdernezin hat vns getan eyne rechenunge
sint der lestin rechnunge . . Nu ist dy uzgabe in keyn
der inname . . daz wir schuldig bleben sin von disser
rechenunge . . 313 Pfunt und 88 guldin vnd sin dy
schuldig dy hy nachgescrebin (. . folgt die Liquidation).

(Angehängt ist das Siegel des Abts Dytherich von Cappele.)

247.

1391 Mitwoch nach st. Bonifaciitage. *Das Kloster
Germerode verpfändet seiner Küsterin Gefälle zu Huczce-
rode für 14 Mark.*

. . Von dieser Gulde sal eine kusterin alle jar ande-
logen ½ marg czu dem geluchte in der Lampin czu
sente katherinen, 1 phunt geldiz czu dem grossin gebete
Ludewig Mulners, 1 phunt czu der Lampen uffe dem fro-
winkore, 6 schillinge czu Wyne daz man den lutin trynken
gebe wan sy vnsers hern Licham nemin **) daz jar ubir
vnd dry malder kornez vnd habern dy gefallin der custerin.

(adh. sig. prop. et conventus.)

248.

1392 Dinstag nach. st. Egidii. *Frytsche von
Berneburg und Else seine Frau kaufen vom Kloster
Germerode wiederkäuflich dessen Gefälle zu Harnayl
für 12 Mark suntrascher werunge.*

Zeugen: Hartrad von Mutherode, Engelhard und Hans
von Hornsberg Gebrudere, Reynbode und gerhard von weylde.

(adh. sig. Fr. de Berneb.)

---

*) Der Abt des Prämonstratenserklosters zu Spieskappel. —
**) wenn sie das heilige Abendmahl geniesen.

249.

1394 kathedra petri. *Burghart, Bischof zu Grun-lant, eyn Vormunde des Closters zu Girmerade bekennt, dass Heinrich Buch dem Priester Ludecke Junge 2 Pfund Heller Gülte schulde.*

(adh. sig. Burgh.)

250.

1396 concept. gloriose virg. marie. *Priester Ludeke Junge schenkt diese Gülte dem Kloster Germerode.*

1 phund vnd 10 schillinge ans fleysch ampth vnd mit den andirn czehen schillingen sal man vische kouffen an sente andreus obinde vnd sal dye toyle vndir dy juncfrouwen gemeynlichen *).

251.

1405 Donerstag nach nativ. Marie. *Tyle von Sebeche bekennt, dass Johannes roczmul Probist, Alheid von Marczhusen priorin, emele funke ondirpriorin, guthe von netter Wergmeistern und Convent zu Germerode ihm erlaubt haben, ein Lehn in ihrer Pfarre zu nedern welsbeche zu machen.*

(adh. sig. T. de S.)

252.

1406 ipso die vili. *Heinrich von Honstein verpfändet mit Willen seiner Brüder Boyneburg und Rabe 3 Malter Korngülte zu Roeneich an Else Abterodis, Klosterjungfrau zu Germerode für 12 rheinische Gulden.*

(adh. 3 sigg. Der von Boyneburg genannt von Hoenstein.)

253.

1413 ipso die beati pauli conversionis. *Scheidebrief zwischen dem Kloster und den Bauern zu Germerode.*

Wir Seppil fureman vnd Heinrich smed Scheffen vff – dem katczenlo **) thun kund . . als der Erbere Her Her Johann Probist zu Germerode vnd die Juncfrouwen daselbis von dez gotshus wegen lange zyt . . mit den nache-

---

*) 1 Mark damals = 4 Pfund Heller. 1 Pfund = 20 Schillinge.
**) Die Malstätte des Gerichts Bilstein bei Weidenhausen.

buren in dem Dorffe zu germerode sin tzwey drechtigh
gewest als vmb daz dinstgelt daz die nacheburen jerlichs
der Herschafft gein Bielsteyn gebin vnde die nacheburn
meynten daz gelt wer en zu swerlich zu gebin . . darvff
han .wir . . gethedinget . . Waz dez landes ist daz an
daz gotshus widderkomen ist, wilchir nu dezselbin landes
von dem gotshuse zu erbe nemen will, daz land sal yme
das gotshus vmb den erbeczins widdir vorerbin . . vnd
waz des landes ist daz eyn probist nicht vorerben kann
wil dann ymand dez landes an eynczele egkern vmb gulde
nemen die egker sal eyn probist vorthun vff daz thurste
vnd waz davon zu gulde gefallit die gulde sal den nacheburen halb gefallen zu hülfe zu dem dinstgelde, vnde die
nacheburn . . sollen daz dinstgelt alle jerliches der Herschafft gein Bielstein geben . . . . . Unde bie diessen
thedinge sin gewest Her Berlt Begk, Her Lodewig Cape-
lane, . . Her Wernher pherner zu frangkirshusen etc.
So han wir gebedin den strengen Jungher Apeln appen
vnd hanse Homberge amptlude zu Bielstein daz di ir In-
gess an diess briff han gehangen. —

(adb. 2 sigg.)

254.

1436 sabbato ante Symonis et Jude. *Landgraf
Ludwig löst vom Kloster Germerode 14 Hufen und giebt
sie in Weidenhausen zu Erbe.*

Wir Ludewig . . lantgrauc . . bekennen . . Solche
14 Hube landis gelegin in vnserm Dorfe zcu Wydenhusin,
vnd iglicke Hube alle jar zcu gulde gebet 4 Malter halb
Korn vnd halb Habern Byelsteinisches masses uff dazselbe
vnsser Sloss Byelstein, Wanne nun dyselben 14 Huben
von den von Drefurte herkommen vnd vorschreben gewest
sint dem Prior vnd Convent . zcu Germerade . . die auch
die Gulde bisher ufgenommen han, Hirvmbe sin wir ubir-
komen myd etlichin vnsin mennern zcu Wydinhussin, daz
sie dieselben 14 Huben von dem Closlir geloist hain . .
4 Hube ye die Hube vor $8^{1}/_{2}$ Marg Eschinweg. were
vnd vor 9 slechte groschen, 2 huben ebenso, vnd also
eynen vnsirn Brief mit 52 Mark geloist, . . ein Vorwerg
des 6 Huben Lands sin vor 70 Mark nach vswisung eyns
besundern brifs, . . 2 Huben vor 12 Mark, ouch von
eyns briefs wegin . . So han wir yn die gnade gethan

vnd yn vnd iren erbin dieselben 14 huben lands erplich gethon vnd vorluhen, also daz sie vns von iglicher Hube alle jar gebin uff vnsir Sloss Byelstein 4 Malter halb Korn halb Habern . . will Einer etwas davon versetzen oder verkaufen, so mag ers vor vnserm Amtmann zu Bilstein thun.

255.

1422 st. Urban. *Henne Spilner und Henne kistener sind durch Henne Schmidt den Jungen und Alten ge-theidingt mit dem Kloster Germerode wegen einer Wiese im Elkenheine gein dem Monchehabe vnd sind abgetheilt mit Gericht und Recht vor den czwelffin* *) *off dem kaczenloe.*

(Besiegelt von Appel Appe, Amtmann zu Bilstein.)

256.

1429 Dinstag nach Martini. *Das Kloster Germe-rode verpfändet für 50 Gulden dem Thile von Sebech 2 Hufen Land zu Nedernwelspech und 1 Huttenstad uf dem kerchobe, womit dieser in der Pfarrkirche daselbst eine Vikarie stiftet, über die er sich und seiner Familie das Patronat vorbehält.*

(adb. sig. T. de S.)

257.

1430 dom. Judica. *Der Rath zu Eschwege bekennt, dass das Kloster Germerode dem Curd Schomberg etc. als Erblehn verkauft habe den stogkirswerd bie deme spicher hinter dem lichberge* **) *für 15 rh. Gulden.*

Schomberg soll jährlich 1 Schönbrot zinsen, das einen alten Groschen werth ist.

258.

1430 Dinstag nach ste. Michahel. *Henne und Heinrich von Hunoldeshusen, Gebrüder und Hermann Diethe Amptmann zcum Lodewigissteyn theidingen zwischen dem Kloster Germerode und Hermann von Boyneborg dem Aeltern und dessen Sohn Heinrich.*

Die 6 Malter Korngülte czu den Sassen sollen dem

---

*) Das Gericht der 12 Schöppen. — **) bei Eschwege.

7 *

Kloster bleiben, auch der Theczman den Herman von Boyneburg vorbodden had zcu Wichmanshusen.

(adh. 3 sigg.)

259.

1432 in die purific. Marie. *Das Kloster Germerode giebt dem Herman Ringleyb zu Erbe 2 Hufen zu Albalderode für jährlich 2 Malter Korn und 2 Malter Hafer und Dienste, wie die andern Nachbarn.*

Getheidingt von Hans Lower Schultheiss zu Bylsteyn und Henrich Treyse *) zintgreffe, amptlude des gnedigen hern von hessen.

(adh. sig. propositi.)

260.

1435 in die beati Jacobi. *Henrich Wigand zu Wippranderade **) verkauft wiederkäuflich 2 fl. Zins aus seinem Hause und Hofe an Jungfrau Jutte Troette zu Germerode für 20 rh. fl.*

(adh. sig. propos.)

261.

1434 Montag nach Crispin und Crispinian. *Johann Rotzmuel Apt zu Cappel ***), Hermann Geylfuss Official, Hermann Steynrucke Probest zu Apterode und Hans von Hunoldeshusen teydingen zwischen dem Kloster Germerode und Appel Appe wegen 7 Hufen Land im Elkenhayn und 1 Hufe bei Apterode; Appe entsagt denselben.*

(adh. 3 sigg.)

269.

1442 in die sti. francisci. *Pfarrer Harz in Frankershausen entsagt seinen Oblationen in Wolfterode.*

Ego Johannes Harcz plebanus in frangkershusin non vi, metu, dolo . . seductus recognosco me cum honorabilibus dominis prepositis videlicet domino Hermanno Steynruckin in Apterade et domino Hermanno Geylfuss in Germarad . . nec non cum conventu in Germerade . . con-

---

*) In einer Urkunde von 1433 nennt er sich Zentgreffe vff me kaczloe. — **) Wipperode. — ***) Spiescappel.

cordasse seu super omnibus oblacionibus in capella beate marie in Wulfferterade atque possessione ecclesie in frangkershusin usque ad presens tempus fuctis concordiam fecisse Sic quod antedicte oblaciones debent venire in utilitatem ipsius capelle ad fabricam eiusdem et pro edificacione prefate capelle.

(suppressum sig. plebani.)

263.

1446 in die ascens. dom. *Liprechterode *) zu Erbe gegeben.*

Wir rupel pletener etc. myt vnsir geselschaff bekennen . . daz wir komen sint gein germerode zeu vnserm hern dem probste vnser frauwen der priorn vnde czu den liben Juncfrauwen darselbist vnd han czu en genommen er freie Land gelegen uffeme monchefelde genant Lipprechterode, vier hube Landes adir waz sie ist czwenczig jar . . vnd suln darvon gebin alle jar . . 14 malder fruchte . . 6 malder kornss vnd 8 malder habern aldindurffer mosses . . gein Aldindurff in die phar zcu teczmen von des . . cloisters wegin . . vnde dess vns eyn pherner . . sine secke sendin gein Camerbach in dess goczbusses schuren vnde dy fruchte daz dar yne zcu messen mit biewessin sines dinerz . . vnde suln eme dan die fordir furen gein aldindurff. So sal vnss den der pherner thun nach aldir gewonheid vnd rechte mit futer vnd spise . . Wan dy czwenczig jar uss sint so suln wir adir vnser erbin forder teidingen vmbe das vorgenante Land also daz vns daz blibe . . . So han wir gebedin dy Ersamen vnd wissin Burgermeister vnde raid der stad czu Aldindurff vnse liben Junchern daz sie er Jngess vor vnss drucken an diessin briff.

264.

1450 die sabbati quartodecimo mens. februari. *Stiftung der Capelle und Vicarie zu Wolflerode.*

In nomine sancte et individue trinitatis feliciter Amen. Nos Johannes nuwenstat prepositus Jutta Trotten priorissa Anna fuchtenborn magistra operatrix totusque con-

---

*) Wüstung bei Kammerbach, s. Landau, Wüstungen S. 302.

ventus monasterii seu cenobii in germerade ordinis pre-
monstratensis prope Eschewege siti maguntine dioceseos
. . . . quod nos quandam Cappellam in honore omnipo-
tentis dei et beate virginis marie suncte Crucis beatorum
Johannis baptiste Jodoci et Valentini martyrum ac sancte
katherine virginis in et sub nostro dominio prope villam
nostram Wolfferade . . atque in terminis . . ecclesie
parrochialis ville franckershusen cujus eciam jus patronatus
seu presentandi ad nos . . pertinet . . construi erigi et
edificari fecimus ad quam Cappellam diverse oblaciones
et offertoria a Christi fidelibus ipsam causa devocionis
visitantibus fieri solebant et fuerit cottidie sic quod nos
centum florenos et ultra de hujus modi offertorio successive collegimus et sublevavimus accedentibus nobis ad
hoc consensu et voluntate . . honorabilis viri domini Johannis Jans . . rectoris dicte ecclesie parrochialis frankershusen cum quibus florenis eandem cappellam pro
divini cultus augmento et in eadem perpetuam vicariam
. . fundavimus dotavimus et erigimus necnon cum eisdem
oblacionibus certos annuos census subscriptos comparavimus (folgt das Verzeichniss dieser Zinsen, die 10 Gulden
betragen) in quibus censibus decem floren. Renensium
. . ad dictum Cappellam seu vicariam . . debent pertinere
. . Sic tamen quod nobis . . jus patronatus . . reservamus
. . ita quod quotienscunque dicta cappella et vicaria in
eadem vacare contingerit clericum vel prespiterum secu-
liarem abilem et ydoneum ad gubernacionem earum infra
tempus debitum . . presentare debemus . . qui prespiter
vel clericus singulis ebdomadis in dicta Cappella unam
missam in honore sancte Marie celebrabit vel celebrari
procurabit, et presertim in singulis ejusdem beate Marie
fostivitatibus decantabit . ., offertorium . . quod super
altare tempore celebracionis ejusdem misse offerri contingerit retinebit, illud vero quod . . seorsum ab altare in
Cappella vel extra ante ymaginem beate Marie collocatur
et offertur pia largitione fidelium ad usus structure et lu-
minaria Cappelle ac ad ornamentorum ipsius conservacionem
cedere debet . . Et quia prefatus dominus Johannes Jans
Rector ecclesie parrochialis in frankershusen . . funda-
cionem . . consenserat quod easdem Cappellam et vicariam quoad vixerit una cum prefata ecclesia sua consequi
et habere possit et valeat consensimus . . . Supplicamus

. Reverendissimo in Christo patri domino nostro Archiepiscopo Moguntino aut cujus pro tempore in spiritualibus
Commissarii potestatem habenti . . premissa omnia . .
auctoritate ordinaria approbare et confirmare.

(adh. sig. prop. et conv.)

265.

1450 die 20. mensis februarii. Erffurdie in Curia
Archiepiscopali. *Nicolaus Trotte, Scolasticus ecclesie
s. Petri fritzlariensis, provisor Curie archiepiscopalis
Erfurdensis Commissariusque in spiritualibus generalis
per terminos Turingie, Hassie et Saxonie a . . Theoderico Archiepiscopo Magunt . deputatus bestätigt vorstehende Stiftung.*

(adh. sig. — gross, oval, ein Geistlicher über dem Trottschen
Wappen.)

266.

1450 28. mensis febr. datum et actum in loco
refectoriali monasterii. *Propst, Priorin und Convent zu
Germerode präsentiren dem Propste der Kirche St. Martini zu Heiligenstadt und dessen Official zu der neu
gestifteten Vicarie in der Wolfteröder Capelle den
Johann Jans.*

(adh. sig. prop. et conv.)

1504 desgleichen nach Resignation des Joh. Wigand
den Joh. Scheffer zu der Vicarie in der Capelle beate
Marie virg. bei Wulfarterode.

1507 28. Juni desgleichen nach Resignation des
Joh. Scheffer den Joh. Sluttzauwer.

267.

1460 Montag nach St. Thomas. *Hermann Mysen-
bug Hobemeister bekennt, dass ihm das Kloster Germerode verpfändet habe sein Vorwerk zu Sygershusen gelegen vor der lichtenauwe für 100 gute rh. Gulden.*

(adh. sig.)

268.

1463 dom. Invocavit. *Das Kloster Germerode*

verpfändet seiner Küsterie 6 Malter halb Korn halb Hafer aus ihrem Hofe zu Niederwelsbach.

. . Welchen Zins vormals verschrieben hatte Herman von Boyneburg dem Gott Gnade seiner Schwester Gesin von Boyneburg seliger . . katherinen und annen sinen tochtern und danach sollten diesen Zins haben die da dy nehesten sint dez geslechtez in dem closter Germerode dez selgeretes . . vnd solch ampt (Küsterie) haid . . dem clostir gegeben 32 golden dy dann Jutte von Boyneburg der Gott Gnade gegebin haid an daz ampt zcu eyme ewigen Testament. Diese Korngülde soll jährlich nach Germerode geliefert werden und man soll davon halten jährlich zwei Ampen, eyne vor dem heilgen lichnam uff der Hern kore dy· ander zcu st. johanss ouch sal man alle suntag deme prister der daz wichwasser gibbet uff der Juncfrauen koir gebin 1 Schilling heller. Auch sal man darvon gebin uff st. Sixtustag wan man begebet dy verwandelunge vnsers hern iglicher Juncfrawen eynen schilling pfenge zcu presencie, eyme probste czwene schilling vnd iglichen prister eynen schilling dy dan zcu koire sint.

(adh. sig. prop. et conv.)

269.

1473 Montag nach letare. *Das Allendörfer Pfarrgut zu Kammerbach betreffend.*

Die Amtleute zu Bielstein Rave von Boyneburg genannt von Honstein lantfoit an der Werre vnd Amptman vnd Johannes agnes Rentmeister richter zwischen Witdekinde gauweler pherner zu Aldendorf und seinem Meier zu Camerbach einstheils und den Mennern des Dorffs Camerbach anderntheils wegen ¹/₂ Hufe Landes zu Camerbach, dem pherner zu siner pfar zustehende, uf einem Tage zu Urfcroide. Urtheil: die Güter des Pfarrers sollen hinfort unbeschwert bleiben.

(adh. 2 sigg.

270.

1482 Mittwoch nach Kylian. *Streit zwischen dem Kloster Germerode und der Gemeinde daselbst.*

Zu wissen vmb solicher gebrechen zweitracht vnd Unwillen so zusohin dem Erbern Hern Thilemann probst des Jungfrauwen Closters zu Germerade vnd den Mennern gemeynlich des Dorffs zu Germerade wegen .. eynen vlegken gelegen pober dem Closter .. darvmb sie vor vns Raven von Boyneborg lantfoit und Amptmann an der Werre vnd zu Bilstein, Johansen Schickeberg doctor .. Heinricus Godecke Ertzpriester vnd pherner zu Abblerade Jacobum lyrer pherner zu Gehestedde Contzen Mossheym Schultheiss zu Bilstein, Henricus Hepen Schrieber darselbis und Claus Kochen Holtzfurster darselbis als vor iren gekorenen kommen. — Urtheil: die Gemeinde soll beweisen, dass der Flecken Land ihr gehöre.

(Mit 3 Siegeln.)

271.

1485 Mitwoch nach Letare. *Landgräfin Mechtilt geborne von Würtemberg und Mumpelgart entscheidet nochmals über vorstehende Sache und spricht den Flecken gleichfalls dem Kloster zu.*

(Das Siegel der Landgr. auf dem Rücken der Urkunde.)

272.

1496 in die dionisii. *Henne Tele zu apterode bekennt, vom Kloster Germerode 30 Schock Geld alter' Were* *), die Jungfrau Metze von Binsforthen zum Selgeredeampt gegeben, geborgt zu haben und mit 2 Schock zu verzinsen.*

Unterpfändlich: Land gelegen „vmb Obbernkirchen **)“. Besiegelt von Curd Heydenreich czintgrebe uff dem kattzeloe unsres gnedigen Herren.

(Mit dem Siegel.)

273.

1505 Mitwoch nach mathei. Aldendorph. *Heinrich Ruland, Doctor geistelicher rechte, decanus Sanct Martinskirchen zu Cassel, urtheilt zwischen dem Kloster Germerode und Johannes Strussberg, Pfarrer zu Niederhone, wegen Decimacion, die letzterer vom Kloster fordert und sagt, dass das Kloster dem Pfarrer von*

---

*) 1 Schock = 10 Behmische, 1 Behmischer = 12 alte Heller.
**) Die zerfallene Kirche vor Abterode.

*seinen Gütern zu Niederhone jährlich 4 Malter Korn
geben müsse.*
(Mit 3 Siegeln.)

274.

1511 dom. Jubilate, *Tyle Eichenberg empfängt
von Johan Zviddel apt zu Cappel *), der da ist ein
visilator zu germerode, dem Prior und Convent zu Germerode zu Erbe 1 Hufe aus dem Klostervorwerk zu
Albungen **), das 4 Hufen enthält und soll geben davon
$5\frac{1}{2}$ Malter und 1 Lymas Partimfrucht.*
(Angehängt das Siegel des Junkers Jorg Dyde.)

275.

1511 in die palmarum. *Hermann Cleynot empfängt von denselben zu Erbe 2 Hufen aus dem Klostervorwerk zu Albungen und $1\frac{1}{2}$ Höfe für $11\frac{1}{2}$ Malter
Frucht etc.*
(Angehängt die Siegel des Ernst und Georg Diede.)

276.

1513 sontag nach ostern. *Hans Buch zu fockin-
rode vermacht sein Haus und 2 Gärten dem Kloster
Germerode, weil dasselbe ihm auf sein Lebelang eyn
prebenden gegeben hat.*
(Angehängt das Siegel des Cuneze gercken zeyngrebe.)

277.

1515 Donnerstag nach deme sontag Judica. *Seelgeräthe der Landgräfin Anna von Hessen.*

Appollonia von flattin priorissa Elisabeth von Honsteyn
procuratrix vnd gantz convent dess godesshuss vnser
lieben frawen zeu Germerode bekennen, dass die . . furstin
Anna geborne von meckelnborg lantgraffin zu Hessin . .
eyn ewig gedechtnisse jerlich gedechtnisse testament vnd
selegerede by ihren styfft vnd godeshusse jerlich . . uff
dinstag nach dem achten tage der heyligen dryer könge

---

*) Spiescappel. — **) dieses sogenannte Propstgut kam bis
1552 ganz in die Hände der Diede zum Fürstenscin und gehört
jetzt der Familie Thon.

ess wer den dass eyn lych intgewerdich were vff den
selven tag den so geredden wyr dass selve begengknisse
uff den andern nachfolgenden tag zcu halden myt vigilien
vnd selemessen, vnd 20 gulden vnd davon 1 gulden gulde
dazu vermacht hat.

(adh. sig. conventus majus.)

278.

1516 dom. Quasimodogeniti. *Johann Abt, Prior
und Convent des Closters Cappel am Spesse, Premon-
stratenser ordins bekennen, dass das Kloster Germerode
ihnen zu lösen gegeben habe 4 Schock aus seiner Kirche
zu Welsbach, für 80 Gulden.*

(Mit dem Siegel des Abts.)

279.

1516 Montag nach Blasii. *Das Kloster Germerode
verpachtet an Hans Paul zu Witzenhausen sein Vorwerk
zu Rengershusen bei der Gelster und an dem Kampe
für jährlich `12 Gulden, zu bezahlen im »sprechusse«
zu Germerode.*

(Mit dem Propstsiegel.)

280.

1520 Montag nach kyliani. Spangenberg. *Landgraf Philipp schreibt wegen Reformation des Klosters
Germerode und weist hin auf das reformirte Kloster
zu Kausdorf.*

281.

1521 Dinstag nach Jubilate. *Urtheil der Schöppen
vom Katzenloe wegen Rodebacher Gehölze.*

Wir Schepffen des . . fürsten . . Hern Philipsen
Landgraffen zcu Hessen . . vff dem katzloe bekennen . .
Nachden wir . . vss bevelh vnd geheiss des achtbarenn
Johannes Hoekenroethes itzt Rentschreiber zcu Esschweg
den wirdigen vnd Geistlichen Jungffrauwen . . zcu Germerode Ire Gerichte nach alten Herkommen vnd gewon-
heit daselbst zcu Germerod im kloester zcu sitzen . . also
gethan haben . . Und nachvolgend der Geistlicher vatter
Her Christian vonn gleymenhain itzt probst vnd fürstender

als ein Volmechtiger von wegen des . . kloesters fur geheitter bank getretten. Und offentlich die in dem Roden-
huch wonhaftig . . nemlich Eypel etc. . ., willich alle-
semptlichen peremptoris citirt vnd geheischt sint . . vmb
etlich gehoeltze gelegen an dem Nassengrunde etc. . .
des sich die Menner in Rodenbach . . geweltiglichenn
fur das Ire vnterzcyhenn beschuldigt hait, . . wellich
Menner in Rodebach . . offentlich fur geheitter bangk
gereth sich des gehoiltzes mit frycm willen williglich nit
meher zcu gebrauchen . . Erkennen wir obgemelten
Schepffen vnsers verstandts fur Recht, das sich das . .
kloester pillich . . des gehoiltzes zcu gebrauchen habe
vnd fur das Ire behalten. Und des zcu bekenntnisse haben
wir vnsers gnedigen Herrn Zcingreffenn Clawsen Bechstein
gebethenn sein Signet vnter vnsern gethanen spruch zcu
drucken.

(Mit dem Siegel.)

282.

1522 St. Peterstag. *Das Kloster Germerode giebt
2 Ort seines Vorwerks zu Nedderhone, nemlich 3 Hufen,
dem Hans Reiffert auf 9 Jahre.*

Er soll jährlich geben 9½ Malter Korn, 11 Malter
Hafer, 2½ Malter 1 Lymas Gerste und 5 Schock Kraut;
dagegen soll er sich jährlich 1 Baum zu Borneholcze
hauwin.

283.

1524 Montag nach Bonifacii. *Das Kloster Germerode
giebt mit Rath seines Visitators und Obersten, Nicolas
Bergk Abt zu Cappel, sein Vorwerk vor Niddernhunze-
bach mit dem Bau, Hoef, Acker, Wiesen, dem Jacob
Rexerodt zu Eschwege ad dies vitae zu Lehn.*

Er soll jährlich 12 Gulden in's Kloster liefern.

284.

1525 Mitwoch nach Vincula Petri. *Die Jungfrauen
des Klosters Germerode haben heute `6 margk sylbers,
so auff sie gesatzt worden ist, hansen goltschmidt ge-
lybbert.*

(Mit dem landgräflichen Siegel.)

285.

1527 Dornstag nach Martini. *Catharine von But-lar, Nonne zu Germerode, verzichtet gegen Landgraf Philipp auf ihre Pfründe, da sie für ihre Mitgift von 200 Gulden zufrieden gestellt ist.*

(Besiegelt von ihrem Schwager Otto von Kerstlingerode.)

286.

1527 Mitwoch nach Simonis und Jude. *Jungfrau Leukel Stauffenbuel wird mit 8 Gulden wegen ihres ins Kloster Germerode eingebrachten Gutes abgefunden *).*

287.

1529 Dinstag nach Oculi. Cassel. *Landgraf Philipp giebt dem Hans König und dessen Kindern den Hof zu Elbolderode, genannt der Mönchhof, ad dies vitae für jährlich 100 Malter Frucht.*

(adh. sig. landgr.) s. Urk. Nr. 290.

288.

1533 10. November. Cassel. *Landgraf Philipp verpfändet an Heinrich von Schachten sein Kloster Germerode mit aller Zubehörung, Gerichten, Bussen, Zinsen, Feld etc. für 5741 Goldgulden 19 albus.*

289.

1536 Montag nach Bonifac. *Landgraf Philipp verleiht dem Hans Bilhart und seinen Kindern ad dies vitae den Hof zu Welsbach mit aller Zubehör.*

Er soll jährlich ins Haus Wanfried geben 4 Schock Thüringische Währung (20 Schneeberger für 1 Schock), 200 Malter halb Korn, halb Gerste und 8 Malter Weitzen Salzmass. Wer von vnsertwegen nach Welsbach kommt, den sollen sie herbergen.

290.

1576 20. Juli. Cassel. *Landgraf Wilhelm giebt*

---

*) Solcher Verzichturkunden, meistens zu Germerode auf Allerheiligen und Donnerstag nach Simonis und Jude aufgestellt, finden sich noch 25 Stück vor.

den Mönchhof dem Hans, Claus und Matthes König, Brüder und Claus Sandrock, deren Vetter, in Erbleihe. Er hält 27 Hufen. Es sollen nie mehr als 4 Besitzer des Hofes sein. In die Renterei Eschwege sollen sie jährlich liefern 50 Malter Korn, 40 Malter Dinkel, 40 Malter Hafer und von je 100 Schafen ½ Gulden Triftgeld; auch die herkömmlichen Dienste nach Germerode und Bilstein sind zu leisten. Das Lehngeld beträgt 100 Thlr.

(Reversbrief auf Pergament. Besiegelt von der Stadt Eschwege.)

Registrum

alme ecclesie in Germenrode

anno virginei partus

MDXIIII.

1. *Aldendorff.* 1 Pfd. Wachs Erbzins von einem Hause auf dem Rain in der Södergasse und 2 fl. 3 Böhmsche 2 pf. wiederkäuflichen Zins.

2. *Albungen.* 23 Mltr. Partim von dem 4 Hufen enthaltenden Vorwerke, 3 Gänse, 3 Fastnachtshühner, 7 Michaelshühner, 3 Schock Eier, 15 Groschen, 2 Böhmsche.

3. *Albuldenrode*).* Habemus ibidem jurisdictionem, jus capitale et feudale et tenentur laborare in humeleto quociescunque necessarium fuerit. Etiam sunt ibidem 12 mansi et ¼ mansi et de quolibet manso dant 1 scheffel korns et 1 Mltr. avene; von 2 Mansen indess je 2 Mltr. partim. 4½ Mltr. Partim fallen von 1 Hufe und 1 Ar. Wiese in dem Grunde bei »wenrode«**) und »gehort in den monchhob«. Als Ortsnamen werden genannt Forsliede und Forisrod ***). Gefälle: 10 Mltr. 2 Mtz. Korn, 15 Mltr. 1 Mtz. Hafer, 3 Böhmsche 1 Schilling Zins, 13 Hahnen, 13 Hühner,

---

*) Alberode. — **) wengenrode 1512, d. i. Wankenrode, Wüstung. — ***) Wüstung Varsrode.

3 Pfd. Wachs, 3 fl. Landpacht, $\frac{1}{2}$ fl. und 29 Böhmsche Capitalzins. (Nach dem Register von 1484 hat die Werkmeisterin von 16 Höfen je 1 Hahn und dem Propste muss jeder Hof 1 Tag dienen).

4. *Abtenrode.* 4 Mltr. 6 Mtz. von Land, was es trägt, das „in den Monchhob zu dem fryland gehort." 4 Pfd. 4 Böhmsche*) Capitalzins von 17 fl.

5. *Armetsassen**).* 10 Pfd. 2 Böhmsche 5 Hlr., 6 Mltr. Partim, 21 Hahnen, 4 Gänse, 1 Pfd. Wachs, $8\frac{1}{4}$ Schock Eier. 1 Manse der Zensiten liegt „in wysener"***). (Nach dem Register von 1484 fällt der Zins von $10\frac{1}{2}$ Mansen und hat das Kloster auch die Gerichtsbarkeit über seine Zensiten. Auch werden Dienste geleistet und 1 agnus in pascha gegeben. Molendinum dat annuatim 1 marcam warandie. Die Fuldische Hufe giebt 6 Mltr. Partim, 14 Schillinge, 1 Schock Eier, 2 Hahne und 1 Dienst.)

6. *Asmannshausen †).* 12 Schillinge Pfennige, 1 Gans und 2 Hahnen von „eyner wustunge zu mutenrode." ††)

7. *Berge* bei Hombergk. 13 Schillinge Denare von einer Wiese.

8. *Brunhusen.* 12 Schillinge von Gütern.

9. *Bornershusen und Wassenhusen* †††), deserta prope Sassen. 13 Malter Partim vom Vorwerke daselbst. Gaben sonst 30 Malter Korn, Gerste und Hafer.

10. *Breytawe.* 26 Groschen, 1 Gans, 2 Hahne, 1 Huhn, 1 Schock Eier. Ortsnamen: 1 hube in der sodergassen, der Erberg by dem Genstaill °†).

11. *Bernsdorffe*, 21 Mltr. 6 Mtz. Partim von $10\frac{1}{4}$ Hufen Kleinland und 3 Hufen Grossland. Die kleine Hufe giebt 3, die grosse 5 Scheffel Partim; $2\frac{1}{2}$ Pfd. 20 Pf. Erbzins von 16 Hufen, 6 Pfd. Capitalzins, 4 Böhm'sche von „forisrodt", 32 Hahne, 1 Huhn, $8\frac{1}{4}$ Schock Eier, Dienste, jus capitale. (Nach dem Register von 1484 hat einen Theil der Zinsen das Fleischamt und einen Theil der Propst. 15 Höfe geben je 4 Schillinge Hlr., 2 Hahne, $\frac{1}{2}$ Sch. Eier, 2 Dienste.)

---

*) 1 Pfd. = 10 Böhmsche. — **) Harmuthsachsen. — ***) Ausgegangener Ort, s. unten. — †) Asmushausen. — ††) 1484: Mutirode desertum prope Rodenberg. Die Zensiten wohnen in Rotenburg und Asmannshausen. — †††) Wüstungen bei Reichensachsen. — °†) Wüstung Gangsthal.

12. *Czegenbach* *). 20 Böhmsche 8 Illr., 10 Mltr.
5 Mtz. Partim, 5 Hahne, 2¼ Schock Eier, 1 Dienst.
(1484: Gerichtsbarkeit über die Zensiten, die in Wolfterode wohnen.)

13. *Dymerode.* 6 Mltr. Partim von einem Vorwerke
des Klosters, das sonst 10 Mltr. gab.

14. *Eyschwe* **). 15 Böhmsche und 1 Pfd. Wachs.
Das Augustinerkloster giebt 14 Groschen von Gütern zu
Grebendorf und der „Heydehob ***)" 15 Schillinge Heller
von Gütern daselbst.

15. *Eberolderode* genant der *Monichhob* †). Habemus
ibidem unam curiam cum suis attinentiis et magistro curie
et servitoribus, de qua curia ecclesia nostra dat annuatim
proposito zu dem petersberge prope Hyrsfelt 2 Pfd. heller
2 malter habern, 6 pullos mich. — Der Hobemeister ibidem gibt von dyssem hobe 90 Mltr. Frucht, nemlich 15
Mltr. Brufrucht und 75 Mltr. Partim, 1 Mltr. Erbes, 1 Mltr.
Robesamen, 1 Stier von 2 Jar und 40 Schogck krudes.

16. *Eltmanshusen.* Henkel Smedt gibt 6 Mltr. Partim 1 ly korns zu Decimas von der Branthmanshube und
hort in das forwerg zu nydderhon und ist des kloister
frylant.

17. *Felmede.* 22 Schillinge. jus capitale.

18. *Franckershusen.* 4 Mltr. Partim — de uno manso
genant die Probisthube, 1 Lyms, 8 Groschen, 1 Schock
Eier, 2 Hahnen und 18 Böhmsche wiederkäufliche Zinsen
von 10 fl.

19. *Forsrodt* ††). 8 Böhmsche, 9 Hahnen.

20. *Germenrode.* 84 Mltr. 14 Mtz. Partim, 9 Pfd. 3
Böhmsche, 124 Hahnen, 35 Hühner. 32 Schock Eier von
den Bwehoben. Jeder Acker giebt ein Ei, 1 Hufe giebt
3 Malter Partim Sunt ibidem 62 curie cum molendino
et quelibet curia dat in festo sti. Michael 16 pf., 2 pullos
mich., ½ schogk eyger und 1 Tag dienst und 1 Fasten-
dagk, 3 Tage in foeno et 3 dies in messe. Von den 62
Höfen exiguntur 4 curie, quarum quelibet ultra censum
prefatum dat unum quartale cere. — Auch wiederkäufliche Zinsen etc. — Ortsnamen: im Nappach, Elkenhain,

---

*) Wüstung Ziegenbach bei Wolfterode. — **) Eschwege.
***) Der Heidnische Klosterhof zu Eschwege. s. meine Gesch von
Eschwege S. 201 ff. — †) Elberode oder der Mönchhof. —
††) Wüstung zwischen Alberode und Wipperode.

im Brobach *), der Forsbach **), Arnsbach, das Schilde-
rode, der Ententeich, der Egelsee, der Resterborn, die
Horlache, der Weinberg, die Strut, im Schirenhain *),
Almenrode, der Oisterhildenhob, der Sitichsberg, die Piffen-
ecke, der Wirleberg, der Morsersgrund unter dem Kreuz.

21. *Grebendorf.* 4 Pfd. 1 Böhmscher 1 Pf.

22. *Guda superior.* 8 Böhmsche, 3 Mltr. Hoppen, 2
Gänse, 2 Hahnen von 2 Mansen genannt die Hasselhube.

23. *Guda inferior.* 7½ Böhmsche, 2½ Gänse, 6
Hahnen von der Mühle und 1½ Hufen.

24. *Graneborn.* Decimashaber von 26 Huben, von
jeder Hube 1 Scheffel; ausserdem 6 Mltr. 6 Mtz. Hafer.

25. *Hoynde superior ***).* 28 Böhmsche 8 Pf., 38
Mltr. Partim, 6 Hahnen, 1 Huhn, 2 Gänse. Darin be-
griffen: 20 Mltr. Partim vom Vorwerke, 6 Mltr. von der
fryen hube, 2 Mltr. von ½ Hube zu Bornhartzhusen †).
Das allodium des Klosters hat 5 Mansen und 1 Erdhus.

26. *Hoynde inferior ††).* 2 fl. 12 Böhmsche, 6 Mltr.
Weitzen, 6 Lymas Hafer, 3 Hahnen, aus der Mühle ein
fettes Schwein von 2 fl. Werth. Auch haben wir daselbiss
unum allodium, das sal haben 16 huben Landes, das ist
den mennern etlichen gethan; davon fallen 58 Mltr. 4
Lymas Korn, 56 Mltr. 4 Lymas Hafer, 2 Mltr. 3 Lymas
Gerste, 1 Scheffel 1 Lymas Partim.

27. *Haselbach.* 4 Böhmsche, 7½ Hahnen, 13 Käse,
53 Eier und einige Dienste. Gerichtsbarkeit über die Zinsgüter.

28. *Harneyl †††).* 8 Mltr. Partim, 7 Böhmsche, 4
Hlr., 6 Hahnen, 1 Gans von 1½ Huben. jus capitale.

29. *Hyllgershusen.* 18 Mltr. Partim, 4 Böhmsche.

30. *Hesenaw *†).* 13 snyberger von mehrern Hufen
(oder 59 Groschen). Davon geben dy kartuser in ysen-
naco (die Karthäuser zu Eisenach) 10 Dorinsche Groschen.
(1484: Hessenau ist desertum apud yffede.)

31 *Honeychen †*).* 11 Mltr. 1 Lym. Korn, 12 Mltr.
Hafer, 9 Böhmsche 4 pf., 9 Hahne, 5 Hühner, 4 Gänse,
4 Schock Eier, 12 Decimasscheffel habern (à Scheffel 6
Metzen), 1 Dienst von jedem Klostermanne. (1484: jus
capitale et jurisdictio in nostris bonis).

---

*) Wüstungen. s. Landau, Wüstungen S. 299. ff. — **) Virbach.
***) Oberbone. — †) Wüstung Bornershausen zwischen Reichen-
sachsen, Oberhone und Eschwege. — ††) Niederhone. —
†††) Hornel. — *†) Wüstung bei Ifta. — †*) Hoheneiche.

32. *Hasell superior* onder dem *Tanberge *)*. 3 Pfd.
4 Groschen, 24 Hahne, 12 Hühner, 12 Gänse, 12 Schock
Eier. jus capitale et jurisdictio in bonis. (1484: Lynhose
hat ein Lehn [6 Ar. Holz], wovon er nichts giebt, weil
»he vnsse Wert ist vnd vns digke essen vnd tringken
gibbt vnd vns herbirget.«)

33. *Hasell-Swartzen **)*. 15 Schillinge hlr. und 12
Hahnen.

34. *Hasell inferior ***)*. 8 Schillinge hlr. ad officium
custodisse.

35. *Holnsteyn.* 40 Groschen hessischer Were, »dy
machen ¹/₂ mark« von der Rorewesen.

36. *Kamberbach +)*. 7 Pfd., 3¹/₂ Böhmsche, 8¹/₂
Hahnen, 8¹/₂ Hühner, 8¹/₂ Diensttage von 8¹/₂ Huben.
Das Monichfeltlund ist den Mennern ingethan und giebt
13 Mltr. 1 Lym. Partim. Ueberhaupt: 84 Mltr. Partim
und 1 Mltr. Erbes. (1484: jus capitale et jurisdictio et
omnia bona ibidem sunt libera cenobii. Omnes villani
dant annuatim proposito 22 denarios proprie Honubische
pro albo pane in festo circumcisionis. 18 alte Höfe und
5 neue. Von dem Mönchefeld prope Kammerbeche geben
die villani plebano in Aldindorf pro decimacione 6 Mltr.
Korn und 8 Mltr. Hafer. Die Besitzer des Mönchefelds
wohnen in Orferode, Kammerbach und Hilgershausen.
Das allodium (Vorwerk) des Klosters enthält 4 Mansen
und giebt gleichen Zins wie die andern Güter. Das alte
Land sind 11¹/₂ Hufen.)

37. *Kurla ++)*. Dominus plebanus ibidem dat 6 Schillinge Pf., 1 Gans und 2 Hahnen.

38. *Konigeswalde.* 3 Schillinge, 3 Hahnen, 3 Hühner
von 1 Hufe, 2 Mltr. 1 Lym. Partim von der Wyshube,
7 Böhmsche geben die Heiligenmeister +++) von einer
Wiese vor dem Koltersholze.

39. *Küchen.* 24 Böhmsche, 18 Hühner, 8 Schock
Eier, 36 Käse, 9 Tage Dienst in der Ernte, von 12
Hufen, jus capitale secundum quantitatem census.

40. *Ludenbach.* 13 Böhmsche, 4 Hahnen, 1 Schock
Eier, ¹/₂ Mltr. Käse, jurisdictio et jus capitale in bonis.

---

*) Wüstung Oberhasel oder Hasel unter dem Tannenberge bei
Nentershausen. — **) Schwarzenhasel. — ***) Wüstung Unter-
hasel zwischen Weissenhasel und Hornel. — +) Kammerbach. —
++) Körle. — +++) Kastenmeister, Verwalter des Kirchenvermögens.

41. *Luderbech* *). 24 Groschen Dorinsche were, je 4 Leuen vor 1 Groschen, macht hessischer wer 10 Böhmsche 1 Leuenpfennig vnd fällt von 1 Hufe und Mühle. Auch hat das Kloster daselbst an 25 Hufen je von der Hufe 1 Decimasscheffel (à 6 Metzen), das macht 9 Mltr. 6 Mtz.

42. *Lerchenhosbach* **). 7 Böhmsche, 4 Hahnen, 2 Gänse, 2 Schock Eier, 2 Hühner von 2 Hufen. Die Zensiten wohnen in Bischhausen und Kirchhosbach. (1484: desertum infra villa Bischusin et Kirchhospach.)

43. *Melsungen superior* ***). 8 Schillinge pf. von 1 Hufe.

44. *Muterode* †) Die Gemeinde giebt 1 Eschweger Mark Geldes, thut 80 Groschen oder 26 Böhmsche 8 pf. (4 Pfd. heller für die Mark); ist gekauft für 12 Mark. 3 Mltr. 6 Mtz. decimashafer von 8½ Hufen.

45. *Muterode by Assmanshusen.* s. Asmannshausen.

46. *Mosheym* und *Ostheym.* Die Gemeinde giebt 4 florenos de 2 pratis von Junfraw Metzen wegen von Bynsfort; abzulösen mit 50 fl.

47. *Meckelsdorf.* 5 Schillinge hlr. von 1½ Huben.

48. *Netter* ††). 27. Mltr. 1 Scheffel Partim, 11 Pfd., 7 Böhmsche 2 hlr. 14½ Gänse, 16 Hühner, 34 Hahnen, 13½ Schock Eier; darunter 15 Groschen von 1 „Hoppenhob, ist Herman Ave Maria gewest,“ 20 Groschen de domo et curia by der Herberge. Ferner 15½ Mltr 1½ Mtz. Decimashafer von 43¾ Mansen, von der Manse 1 Scheffel (= 6 Metzen). jurisdictio et jus capitale in bonis suis. (1484: Gehölze, als die Sternlyte, der Eichenberg und die Tornlyte, gehören dem Kloster und hat der „walde probist Nuwenstadt besessen, eygen auch dy Junghern sich zu sed non de jure dicunt omnes villani.“ Omnia bona in campis ville preter bona parrochie geben den decem.)

49. *Newelshusen* †††). 4½ Mltr. Partim, 1 Scheffel Korn, 1 Mltr. Hafer; 6 Böhmsche, 4 hlr. 4 Hahnen. (Darunter 6 Groschen und 2 Hahnen von ½ Hube zu Wassenhusen.)

50. *Otwinshusen* *†). 17 Mltr. Partim, 6 Pfd. 2

---

*) Lüderbach. — **) Wüstung. — ***) Obermelsungen. — †) Mitterode. — ††) Netra — †††) Niddawitzhausen. — *†) Oetmannshausen.

Böhmsche 4 hlr, 5¹/₄ Schock Eier, 20 Hahnen, 10 Hühner. Dienste. jurisdictio et jus capitale. Das Vorwerk giebt 14 Mltr. Partim.

51. *Orffenrode*. 100 Mltr. Partim, 21 Böhmsche 8 hlr., aus jedem Hause 1 Huhn und 1 Dienst. 19 Hühner werden gegeben und von 1 Hufe meistens 8 Mltr. . 12¹/₂ Hufen sind zinsbar.

52. *Oberndorff* *). Von der Mühle daselbst 20 Groschen Erbzins.

53. *Rechtebach*. 7 Mltr. Hafer, 14 Böhmsche 6 Pf., 1 Schock Eier, 28 Hahnen, 3 Hühner, 23 Käse und von 4 Hufen 4 Tage Dienst in der Ernte. jus capitale et jurisdictio in bonis suis.

54. *Rytanshusen* **). 3 Pfd. 2 Böhmsche 1 Groschen, 6 Gänse, 12 Hahnen, 6 Hühner; 6 Schock Eier von 5 Hufen. Ferner 38 Mass (à 3 Metzen) Decimanshafer von 19 Hufen, von denen 1 wüste liegt und die den von Boyneburg zins- und lehnbar sind; jede Hufe giebt 6 Eschweger Metzen = 6¹/₂ Mltr. 1 Lyms Hafer. jus capitale et jurisdictio in bonis suis.

55. *Rambech*. 1 Mltr. Hafer ist ganghaft, aber es gebühren sich 4 Decimasscheffel von 4 Hufen.

56. *Reinde* ***). 20 Böhmsche und 2 Groschen von einigen Hufen und 3 Erdhäusern auf dem Kirchhofe. jus capitale et jurisdictio.

57. *Rorte* †). 28 Böhmsche 7 hlr. von 3¹/₂ Hufen, von denen 2 nebst 2 Häusern dem Kloster mit jus feudale et capitale gehören. Das Vorwerk der Junker Heimbrod und Reinhard von Boneburgk gibt dem Kloster jährlich 5 Lym Hafer; ist jetzt nicht ganghaft.

58. *Rychensassen*. 15 Mltr. 1 Mtz. Korn, 15 Mltr. 1 Lyms Hafer, 9 Pfd. 10 hlr., 12 Hahnen, 5 Hühner, 5 Schock Eier, 5 Gänse, 7. Diensttage. Von 1 Hufe 1 Mltr. Decimans. Zinsbar ist auch 1 Erdhaus auf dem Kirchhofe. jurisdictio et jus cap. in bonis.

59. *Rodebach*. 2 fl. 10 Böhmsche 1 Denar. 12¹/₂ Mltr. 1 Lyms Partim, 26 Hühner, 1 Pfd. Wachs; von jeder Hufe 1 Diensttag und 1 Mltr. Partim.

60. *Rosbach* prope Witzenhusen. 15¹/₂ Böhmsche ¹/₂ hlr.

*) Wüstung bei Frankershausen. — *°) Rittmannshausen. — ***) Renda. — †) Röhrda.

61. *Ronshusen* und *Wyttenrode* *). 3 fl. 1 Ort.

62. *Rudulffishusen* **). Daselbst hat das Kloster ein Vorwerk, welches 8 Mltr. Partim Eschweger Mass giebt, 1 Mark Eschweger Währung (= 26 Böhmsche und 8 Heller), 1 Huhn, 2 Hahne, 1 Schock Eier und 1 Dienstlag, welches alles in Geld 15 Pfd. (à 10 Böhmsche) 9 Böhmsche und 8 hlr. beträgt; ferner 8 Mltr. Hopfen. Daselbst sind auch 7½ Kothgüter, von denen jedes 8 Schillinge hlr., 1 Huhn, 1 Hahn, ½ Schock Eier giebt und 1 Tag Dienst thut, beträgt in Geld 6 Böhmsche 2 hlr. Ferner hat das Kloster 8¼ Hufen Land und giebt jede Hufe 2 Viertel Partim, 4 Schillinge Pf., 1 Schock Eier, 2 Hahne, 1 Huhn, und 1 Dienstlag, beträgt in Geld 39 Böhmsche. Ausserdem zinsen noch etliche ledige Güter. Ortsnamen: vor dem Thor zu Rudulffishusen, die Molstat, die Probstwiese, bei der Linde im Dorfe (circa tiliam in villa).

63. *Soden bei Aldendorff*. 1 Pfanne Salz, 12 Groschen von 1 Hobe. 18 Böhmsche 4½ Pf. Aldendorfere were von 3 Kothen, genant Obengelt; dazu müssen Viele zahlen, unter andern die Schafnit, Ruland, Swanflogel, Korper, Lober, Reterode und Geilfus, alte Patriciergeschlechter zu Allendorf und Eschwege. Ferner hat das Kloster „zcu aldendorff in den soden" gekauft „½ Wynnung zcu Hans Byschoff, davon werden vnss 2 achteyl und 1 herngauss ***) und 1 Böhmscher."

64. *Sulltza †*). 6 Böhmsche (= 12 Schillinge), 3 Gänse, 6 Hahnen, 3 Hühner, 3 Schock Eier von 2 Hufen.

65. *Schnelnrode*. 11 Böhmsche 1 Pf., 2 Hahnen, 5 Hühner, 2½ Schock Eier, 28 Käse. jus capitale.

66. *Sonter de Borsdorf ††*). 28½ Metze Hafer.

67. *Sonter de Ubech †;†*). 11½ Mtz. Hafer, 10 Pf.

68. *Sybrechtzhusen* *†) 4 Schillinge Pf., 1 Gans und 2 Hahnen von „eym forwergk" †*).

---

*) Wetterode. — **) Wüstung zwischen Waldkappel und Bischhausen. — ***) Jeder Södermeister hat von jeder Pfanne 1 Metze Salz an die Pfänner zu liefern. Die Form des Brets, worauf das Salz lag, glich einer Gans. 1 Herrengans = 1 Metze Salz an die Pfänner. s. Wagner, Gesch. von Allendorf. S. 30. — †) Solz. — ††) Wüstung bei Sontra. — †††) Wüstung zwischen Sontra und Mitterode. — *†) Seifertshausen. Von dem Vorwerke zu Segershusen zwischen Walburg und Lichtenau heisst es im Register von 1484: es gab sonst 16 Mltr. Partim und 6 Pfd. hlr.; ist verpfändet für 100 fl. dem Vicarius ste. Crucis prope civitatem Lichtenauwe. — †*) Ebenso im Reg. von 1484.

69. *Spangenberg.* 1 fl. wiederkäuflicher Zins.

70. *Tens*).* 16 Schill. lllr., 2 Gänse, 4 Hahnen, 2 Hühner, 2 Schock Eier von 3 Hufen.

71. *Trymbergk**).* 1 Mltr. 14 Mtz. Korn und 18 Groschen vom Trymbach und Trymberg, auch 1 Viertel Wyns von etlichen ackern; wird gegeben von Einwohnern in Reichensachsen und Oetmannshausen. (1484: Trympberge prope den sassen. jurisdictio. 1 Quart wyns dez besten wyns, der zu Escheweg feile ist, von der Gemeine zu Tr.)

72. *Tontzbach ***).* allodium nostrum ibidem dat annuatim 11½ fl.

73. *Tattenrode †).* 6 Mltr. 4 Mtz. Hafer.

74. *Vyrbach ††).* 1½ fl., 3 Gänse, 6 Hahnen, 1 Schock 44 Eier. Die Zensiten wohnen in Reichensachsen. (1484: 4 Mltr. Partim, 4 Schock 14 Eier, 2 Dienste, 4 Hühner und 8 Hahnen von 2 Mansen).

75. *Witzenhusen.* (1484: in Witzenhusen et deserto Rengershusen). Das allodium . . land bie der gelster unter vnd über dem Wynnersteyn auf dem kampf . . gab nach alten Registern 50 Mltr. Partim, jetzt nur 12 fl.

76. *Were †††).* 3½ Mltr. Partim und 10 Schillinge von 2 Hufen. (1484: prope Rudolffshusen; Die Zensiten wohnen in Bischhausen und Cappel.)

77. *Wulffertenrode *†).* 12½ Böhmsche 1 Pf., 32 Mltr. 2 Mtz. Partim, 30 Hahnen, 3 Hühner, 16½ Schock Eier und einige Handdienste. (1484: Jede der 15½ Huben giebt ans officium camer. 2 Mltr. Partim, das andere nebst 2 Diensttagen von jeder Hufe, sowie die hohe und niedere Gerichtsbarkeit, steht dem Propste zu. Daselbst sind auch 16 curie et 6 kothobe, von denen jeder 2 Tage Dienst thut. Einige Zensiten wohnen zu Frankershausen und Abterode.

78. *Wydenhusen.* 1 Mltr. 10 Mtz Partim von 1 Hufe.

79. *Wyssenner †*).* 14 Böhmsche 3 Pf., 11 Hahnen, 6 Käse, 2½ Schock Eier und einige Dienste von 5½ Hufen zum wyssenner und der Molestat daselbst. Die Zensiten wohnen in Holstein, Hasselbach und Armetsassen.

---

*) Dens. — **) Wüstung zwischen Reichensachsen und Oetmannshausen. — ***) Niederdünzebach — †) Datterode. — ††) Wüstung bei Reichensachsen. — †††) Wüstung zwischen Bischhausen und Waldkappel. — *†) Wolfterode. — †*) Wüstung zwischen Harmuthsachsen, Hasselbach und Rodebach.

80. *Wypranderode* *). 18 Böhmsche wiederkäuflichen Zins.

81. *Walberg.* 14 Schillinge hlr., jus capitale et jurisdictio an 1 Manse genannt Dytenwese nebst Haus und Hof.

82. *Vockenrode.* 5 Pfd. 4 Böhmsche 2 Pf., 1 Gans, ¹/₄ Pfd. Wachs.. Henrich ernig zu Germerode gibt 4 schog hobeschosseln von 8 Becken do jo. 3 vss essen von 1 viertel landes vnd 1 wesen genant dy schusselwese. 20 Groschen aus der molen.

83. *Wydelbach.* 6¹/₂ Böhmsche von 2 Hufen.

84. *Wychmanshusen.* 9 Böhmsche (= 18 Schillinge) und 3 Mltr. Decimans. Der Decimanshafer fällt von 15 Hufen, von denen 15 Decimansscheffel gegeben werden sollten; es sind aber nur 3¹/₂ Mltr. und 1 Mtz. ganghaft und um 12 Huben muss man Juncher Adam von Boneburg ersuchen.

85. *Wylssbech* **). Etliche Mltr. vom Hobemeister, s. die Briefe; etlich Geld hebt der Hobemeister, so lang als dy virgines wuln. (1517: 216 Mltr. Frucht).

Das Register von 1484 hat noch

Oistheim ***) prope Hoemberg. 13 Schillinge denar. hass. et jus capitale. Joh. Goswyn civis in Hoemberg giebt diess de allodio des Klosters.

---

*) Wipperode. — **) Ober- und Niederwelsbach im Kreise Langensalza. — ***) Ostheim.